THE LANGUAGE GYM

"French Sentence Builders
A Lexicogrammar approach"
Beginner – Pre-intermediate

Answer Book

This is the answer booklet for "French Sentence Builders – A Lexicogrammar approach. Beginner – Pre-intermediate".

It contains answers for all exercises and follows the exact order of the original book. To further make this book user-friendly there is a reference to which page a particular page relates to in the original – student book, at the start of each unit section.

We hope that you enjoy using it and that your students enjoy working with "French Sentence Builders – A Lexicogrammar approach".

Thanks,

Gianfranco Conti, Dylan Viñales, Ronan Jézéquel and Julien Barrett

Copyright © G. Conti, D. Viñales and R. Jézéquel

All rights reserved
ISBN: 9798505448069

SECOND EDITION

Imprint: Independently Published
By Julien Barrett

TABLE OF CONTENTS

Unit	Unit Title	Page
1	Talking about my age	1
2	Saying when my birthday is	3
3	Describing hair and eyes	5
4	Saying where I live and am from	7
5	Talking about my family members/ Counting to 100	9
	Revision Quickie 1: Numbers 1-100 / Dates / Birthdays	11
6	Part 1: Describing myself and another family member	12
	Grammar Time 1: ÊTRE (Part 1)	13
	Grammar Time 2: AVOIR (Part 1)	14
	Part 2: Describing my family and saying why I like/dislike them	15
7	Talking about pets (I have and would like to have)	17
	Grammar Time 3: AVOIR (Part 2) - Pets and descriptions	19
	Question Skills 1: Age / descriptions / pets	19
8	Saying what jobs people do, why they like/dislike them and where they work	20
	Grammar Time 4: The present indicative of "TRAVAILLER" and other ER verbs	21
	Grammar Time 5: Present indicative of " ÊTRE" and Jobs	22
9	Comparing people's appearance and personality	23
	Revision Quickie 2: Family / Pets / Jobs	24
10	Saying what's in my school bag / classroom / describing colour	25
	Grammar Time 6: (AVOIR Part 3) + Agreements + Verb drills	27
	Grammar Time 7: Agreement (Part 1)	28
11	Talking about food [Part 1]: Likes / dislikes / reasons	29
	Grammar Time 8: MANGER/ BOIRE	31
12	Talking about food (Part 2): Likes / dislikes / mealtimes	32
	Grammar Time 9: -ER Verbs (Part 2) manger, déjeuner, dîner	34
	Grammar Time 10: Agreements (Part 2) Food	35
	Question Skills 2: Jobs / School bag / Food	35
13	Talking about clothes and accessories I wear, how frequently and when	36
	Grammar Time 11: -ER Verbs (Part 3) Porter + Avoir + Agreements	37
	Revision Quickie 3: Jobs, food, clothes and numbers 20-100	38
14	Saying what I and others do in our free time	39
	Grammar Time 12: Verbs – JOUER (Part 1) + FAIRE (Part 1) + ALLER (Part 1)	41
15	Talking about the weather and free time	42
	Grammar Time 13: JOUER (Part 2) / FAIRE (Part 2) / ALLER (Part 2) / AVOIR (Part 3)	44
	Revision Quickie 4: Weather / Free time / Clothes	45
	Question Skills 3: Weather / Free time / Clothes	45
16	Talking about my daily routine	46
	Revision Quickie 5: Clothes / Food / Free Time / Describing people	48
17	Describing my house: - indicating where it is located - saying what I like/dislike about it	49
	Grammar Time 14: HABITER	50
	Grammar Time 15: REFLEXIVES (Part 1)	51
18	Saying what I do at home, how often, when and where	52
	Grammar Time 16: Verbs FAIRE (P3), JOUER, (P3), ALLER (P2), REFLEXIVES (P2)	54
19	Talking about future plans for holidays	55
	Revision Quickie 6: Daily routine / House / Home life / Holidays	56
	Question Skills 4: Daily routine / House / Home life / Holidays	57
20	Vocabulary Tests	58

THE LANGUAGE GYM

Unit 1 - Talking about my age

Unit 1. Talking about my age: VOCABULARY BUILDING (Page 3)
1. Match up
un an – one year   **deux ans** – two years   **trois ans** – three years   **quatre ans** – four years
cinq ans – five years   **six ans** – six years   **sept ans** – seven years   **huit ans** – eight years
neuf ans – nine years   **dix ans** – ten years   **onze ans** – eleven years   **douze ans** – twelve years

2. Complete with the missing word
a. J'ai **quatorze** ans   b. Mon frère **s'**appelle Frédéric   c. Je **m'appelle** Denis
d. Mon frère **a** deux ans   e. Ma sœur a **quatre** ans   f. **Je** m'appelle Anne

3. Translate into English
a. I am three years old   b. I am five years old   c. I am eleven years old   d. He is fifteen years old
e. She is thirteen years old   f. He is seven years old   g. My brother   h. My sister   i. She is called

4. Broken words
a. J'**ai**   b. Je m'ap**pelle**   c. Ma s**œur**   d. Qui**nze**   e. Se**ize**   f. O**nze**   g. N**euf**   h. Quat**orze**   i. d**ouze**

5. Rank the people below from oldest to youngest as shown in the example   1, 2, 7, 6, 4, 8, 3, 5
6. For each pair of people write who is the oldest, as shown in the example   B (e.g.) – B – B – A – A – B – A

Unit 1. Talking about my age: READING (Page 4)
1. Find the French for the following items in Nico's text
a. Je suis argentin   b. Je m'appelle   c. La capitale   d. À Buenos Aires
e. Qui s'appelle Antonio   f. J'ai douze ans   g. Quatorze

2. Answer the following questions about Ramon
a. From Spain   b. He is ten years old   c. 2   d. Barbara is five years old and Paco is nine years old

3. Complete the table below
Marco, age 13, Italian, 1 brother, age 15, 1 sister, age 10
Nico, age 12, Argentinian, 1 brother, age 14
Ramon, age 10, Spanish, 1 sister, age 5, 1 brother, age 9

4. Hans, Kaori or Marine?
a. Hans   b. Marine   c. Marine's sister   d. Hans   e. Hans

Unit 1. Talking about my age: TRANSLATION (Page 5)
1. Faulty translation: spot and correct (in the English) any translation mistakes you find below
a. **My** name is Patricia   b. I have two **sisters**   c. My **sister** is called Martine   d. My **brother** is 5   e. I am **fifteen**
f. My brother is **eight**.   g. I don't have **a brother**.   h. I am **16**   i. I am **12**   j. **His** name is Jean

2. From French to English
a. My brother is called Jean   b. I am fifteen years old   c. My brother is six years old   d. My sister is called Mariana
e. I am seven years old   f. I live in Paris   g. My sister is fourteen years old   h. I have a brother and a sister
i. Marie is twelve years old   j. Anne is nine years old

3. English to French translation
a. Je m'appelle Paul. J'ai six ans   b. Mon frère a quinze ans   c. J'ai douze ans   d. Ma soeur s'appelle Anne
e. J'ai quatorze ans   f. J'ai un frère et une soeur   g. Je m'appelle Philippe et j'ai quatorze ans
h. Je m'appelle Gabriel et j'ai onze ans   i. Je m'appelle Cédric. J'ai dix ans. J'ai un frère et une soeur

j. Ma soeur s'appelle Léa. Elle a douze ans   k. J'ai treize ans   l. Mon frère s'appelle Tanguy et il a seize ans
m. Je m'appelle Pierre et j'ai deux sœurs

Unit 1. Talking about my age: WRITING (Page 6)

1. Complete the words
a. Je m'**appelle** Paul   b. J'**ai** quatorze **ans**   c. **J'**ai une sœur   d. **Mon** frère s'**appelle** Julien
e. Je m'**appelle** Patrice   f. Mon **frère** s'**appelle** Denis   g. **J'**ai treize ans   h. Ma sœur s'**appelle** Anne

2. Write out the number in French
nine: **neuf**   seven: **sept**   twelve: **douze**   five: **cinq**
fourteen: **q**uatorze   sixteen: **s**eize   thirteen: **treize**   four: **q**uatre

3. Spot and correct the spelling mistakes
a. Je m'appelle Paul   b. J'ai treize ans   c. Mon frère **a** cinq ans
d. Ma **soeur** s'appelle Marie   e. **Je** m'appelle Patrice   f. Ma soeur **s'appelle** Alexandra

4. Complete with a suitable word
a. Ma soeur s'**appelle** Laura   b. **Mon** frère a quinze ans   c. Je **m'appelle** Marc
d. J'ai un **frère** qui s'appelle Philippe   e. J'ai une **sœur** qui s'appelle Anne   f. Mon frère **a** quatorze ans

5. Guided writing: write 4 short paragraphs in the first person singular ['I'] each describing the people below
Samuel: Je m'appelle Samuel et j'ai douze ans. J'habite à Buenos Aires et je suis argentin. J'ai un frère qui s'appelle Gonzalo, il a neuf ans et j'ai une sœur qui s'appelle Anna, elle a huit ans.
Rebeca: Je m'appelle Rebeca et j'ai quinze ans. J'habite à Madrid et je suis espagnole. J'ai un frère qui s'appelle Jaime, il a treize ans et une sœur qui s'appelle Valentina, elle a cinq ans.
Michael: Je m'appelle Michael et j'ai onze ans. J'habite à Berlin et je suis allemand. J'ai un frère qui s'appelle Thomas, il a sept ans et une sœur qui s'appelle Gerda, elle a douze ans.
Kyoko: Je m'appelle Kyoko et j'ai dix ans. J'habite à Osaka et je suis japonaise. J'ai un frère qui s'appelle Ken, il a six ans et une sœur qui s'appelle Rena, elle a un an.

6. Describe this person in the third person
Il s'appelle Georges, il a douze ans et il habite à Toulouse. Il a un frère qui s'appelle Marc, il a treize ans et une soeur qui s'appelle Sophie, elle a quinze ans.

Unit 2 - Saying when my birthday is

Unit 2. Saying when my birthday is: VOCABULARY BUILDING (Page 9)
1. Complete with the missing word
a. Je **m'appelle** Gustave   b. Mon **amie** s'appelle Marie   c. **Mon** ami s'appelle Julien
d. Mon **anniversaire** est le….   e. Le **cinq** mai   f. Le **dix-huit** novembre
g. Le quatre **juillet**   h. **Son** anniversaire est le…

2. Match up
avril – April **novembre** – November **décembre** – December **mai** – May **janvier** – January **février** – February
mon anniversaire – my birthday **mon ami** – my friend (*m*) **mon amie** – my friend (*f*) **je m'appelle** – I am called
il/elle s'appelle – he/she is called

3. Translate into English
a. 14th January b. 8th May c. 7th February d. 20th March e. 19th August f. 25th July g. 24th September h. 15th April

4. Add the missing letter
a. anniversaire b. février c. mars d. mai e. avril f. juin g. janvier h. août i. juillet j. novembre k. décembre l. septembre

5. Broken words
a. Le **trois** janvier   b. Le **cinq** juillet   c. Le **neuf** août   d. Le **douze** mars   e. Le **seize** avril   f. Le **dix-neuf** décembre
g. Le **vingt** octobre   h. Le **vingt-quatre** mai   i. Le **trente** septembre

6. Complete with a suitable word
a. Je **m'appelle** Ronan   b. Mon **anniversaire** est le onze mai   c. J'ai neuf **ans**
d. Mon **frère** s'appelle Gian   e. Gian **a** dix ans   f. Son **anniversaire** est le trois juin
g. Mon **anniversaire** est le dix-huit juillet   h. Mon ami **s'appelle** Dylan   i. **Son** anniversaire est le quatre août
j. Le huit n**o**vembre   k. **Je** m'appelle Gustave Eiffel

Unit 2. Saying when my birthday is: READING (Page 10)
1. Find the French for the following items in Rodrigue's text
a. Je m'appelle   b. J'ai douze ans   c. J'habite en Martinique   d. Mon anniversaire est   e. Le douze
f. Son anniversaire est   g. Pendant mon temps libre   h. Mon amie   i. S'appelle   j. Elle a trente-cinq ans
k. Le vingt-et-un juin   l. A un frère aîné   m. Le huit janvier

2. Complete with the missing words
Je m'appelle Anne. **J'ai** treize **ans** et j'**habite** à Paris, **en** France. Mon **anniversaire** est le vingt-neuf décembre. Mon frère **a** neuf **ans** et son anniversaire est le **premier** avril.

3. Answer the following questions about Mélanie's text
a. 7   b. La Réunion   c. 5th December   d. Two brothers   e. Jules   f. 13   g. 5th January

4. Find Someone Who
a. Mélanie b. Serge c. Anthony d. Rodrigue e. Rodrigue f. Mélanie's brother: Jules
g. Anthony h. Mélanie i. Anthony

Unit 2. Saying when my birthday is: WRITING (Page 11)

1. Complete with the missing letters
a. Je m'appelle Paul   b. Je suis de Brest   c. Mon anniversaire c'est le quinze juin   d. J'ai quatorze ans
e. Mon amie s'appelle Catherine   f. Catherine est de Marseille   g. Mon ami Michel est de Saint-Étienne
h. Michel a onze ans

2. Spot and correct the spelling mistakes
a. Mon anniversaire, c'est le quatre janvier   b. Je m'appelle Paul   c. Je suis de Brest
d. Mon amie s'appelle Catherine   e. Catherine a onze ans   f. J'ai quatorze ans
g. Mon anniversaire, c'est le quatre mars   h. J'ai quinze ans   i. Je m'appelle Denis

3. Answer the questions in French (personal answers)
a. Je m'appelle…   b. J'ai (number) ans   c. Mon anniversaire, c'est le (number/month)   d. Il/elle s'appelle…
e. Mon frère a (age) ans/ Ma sœur a (age) ans   f. Son anniversaire, c'est le (number/month)

4. Write out the dates below in words as shown in the example
a. Le quinze mai   b. Le dix juin   c. Le vingt mars   d. Le dix-neuf février
e. Le vingt-cinq décembre   f. Le premier janvier   g. Le vingt-deux novembre   h. Le onze février

5. Guided writing: write 4 short paragraphs in the 1st person singular ['I'] describing the people below
Samuel: Je m'appelle Samuel et j'habite à Sospel. J'ai onze ans et mon anniversaire, c'est le vingt-cinq décembre. Mon frère s'appelle Jules et son anniversaire, c'est le dix-neuf février.
Alex: Je m'appelle Alex et j'habite à Bordeaux. J'ai quatorze ans et mon anniversaire, c'est le vingt-et-un juillet. Mon frère s'appelle Philippe et son anniversaire, c'est le vingt-et-un avril.
André: Je m'appelle André et j'habite à Grasse. J'ai douze ans et mon anniversaire, c'est le premier janvier. Mon frère s'appelle Julien et son anniversaire, c'est le vingt juin.
Charles: Je m'appelle Charles et j'habite à Morzine. J'ai seize ans et mon anniversaire, c'est le deux novembre. Mon frère s'appelle Michel et son anniversaire, c'est le douze octobre.

6. Describe this person in the 3rd person:
Il s'appelle Jean-Marc et il a douze ans. Il habite à Albertville. Son anniversaire c'est le vingt-et-un juin. Il a un frère qui s'appelle Jean et il a seize ans. Son anniversaire, c'est le premier décembre.

UNIT 2. Saying when my birthday is: TRANSLATION (Page 12)

1. Faulty translation: spot and correct (in the English) any translation mistakes you find below
a. **My** birthday is on the **28th** April   b. **My** name is Candide and **I am** from France   c. I am **23** years old
d. My friend **is** called Jean   e. **He is** 26 years old   f. **His** birthday is the **4th** of April

2. From French to English
a. 8th October   b. My birthday is on   c. My friend (*m*) is called   d. His birthday is on   e. 11th January   f. 14th February
g. 25th December   h. 8th July   i. 1st June

3. Phrase-level translation
a. Je m'appelle   b. J'ai dix ans   c. Mon anniversaire est le   d. Le sept mai   e. Mon amie s'appelle Béatrice.
f. Elle a douze ans   g. Son anniversaire est le…   h. Le vingt-trois août   i. Le vingt-neuf avril

4. Sentence-level translation
a. Je m'appelle Claude. J'ai trente ans. J'habite en France. Mon anniversaire, c'est le onze mars.
b. Mon frère s'appelle Pierre. Il a quatorze ans. Son anniversaire, c'est le dix-huit août.
c. Mon ami s'appelle Jean. Il a vingt-deux ans et son anniversaire, c'est le quatorze janvier.
d. Mon amie s'appelle Anne. Elle a dix-huit ans et son anniversaire, c'est le vingt-cinq juillet.
e. Mon ami s'appelle Anthony. Il a vingt ans. Son anniversaire, c'est le vingt-quatre septembre.

Unit 3 - Describing hair and eyes

UNIT 3. Describing hair and eyes: VOCABULARY BUILDING (Page 15)
1. Complete with the missing word
a. châtains b. blonds c. barbe d. bleus e. lunettes f. mi-longs g. noirs h. roux

2. Match up
les cheveux châtains – light brown hair   les cheveux noirs – black hair   les cheveux blonds – blond hair
les yeux noirs – black eyes   les lunettes – glasses   la moustache – moustache   les yeux bleus – blue eyes
les yeux verts – green eyes   les cheveux courts – short hair   les cheveux longs – long hair   les cheveux roux – red hair

3. Translate into English
a. curly hair b. blue eyes c. I wear glasses d. blond hair e. green eyes f. red hair g. black eyes h. black hair

4. Add the missing letter
a. long   b. lunettes   c. cheveux   d. barbe   e. bleu   f. en épis
g. frisés   h. raides   i. noir   j. mi-long   k. yeux   l. je porte

5. Broken words
a. J'ai les cheveux frisés b. Je porte des lunettes c. J'ai les cheveux courts d. Je n'ai pas de moustache
e. J'ai les yeux marron   f. J'ai une barbe   g. J'ai huit ans   h. Je m'appelle Marie   i. J'ai neuf ans

6. Complete with a suitable word
a. J'ai dix ans   b. J'ai une barbe   c. Je m'appelle Anthony   d. J'ai (number) ans   e. J'ai les cheveux (colour)
f. Je porte des lunettes   g. J'ai les yeux marron   h. J'ai les cheveux noirs   i. Je n'ai pas de moustache
j. J'ai les cheveux longs   k. Je m'appelle Pierre   l. J'ai quinze ans   m. J'ai les yeux bleus

UNIT 3. Describing hair and eyes: READING (Page 16)
1. Find the French
a. je m'appelle   b. à   c. je porte des lunettes   d. mon anniversaire est   e. le dix
f. j'ai   g. raides   h. noirs   i. les yeux

2. Answer the following questions about Irène's text
a. 15   b. Gabon   c. red   d. wavy   e. long   f. blue   g. 15th December

3. Complete with the missing words
Je m'appelle Pierre. J'ai dix ans et j'habite à Dakar, la capitale du Sénégal. J'ai les cheveux blonds, raides et courts et les yeux verts. Je porte des lunettes. Mon anniversaire est le huit avril.

4. Answer the questions below about all five texts
a. Céline   b. Céline   c. Céline   d. 6 people wear glasses   e. Irène   f. Céline   g. Paul   h. Alexandre

UNIT 3. Describing hair and eyes: TRANSLATION (Page 17)
1. Faulty translation: spot and correct (in the English) any translation mistakes you find below
a. I have blond hair   b. She has blue eyes   c. I have a beard   d. He is called Pierre
e. He has shaved hair   f. I have green eyes   g. I live in Paris

2. From French to English
a. I have blond hair   b. I have black eyes   c. He has straight hair   d. He wears glasses and has a beard
e. I have a moustache   f. I wear sunglasses   g. I don't have a beard   h. I have curly hair   i. I have long hair

3. Phrase-level translation
a. Les cheveux blonds   b. Je m'appelle   c. J'ai   d. Les yeux bleus   e. Les cheveux raides   f. Il a
g. Dix ans   h. J'ai les yeux noirs   i. J'ai neuf ans   j. Les yeux marron   k. Les cheveux noirs   l. Elle a

4. Sentence-level translation
a. Je m'appelle Marc. J'ai dix ans. J'ai les cheveux noirs et frisés et les yeux bleus.
b. J'ai douze ans. J'ai les yeux verts et les cheveux blonds, et raides.
c. Je m'appelle Anne. J'habite à Marseille. J'ai les cheveux longs, blonds et les yeux marron.
d. Je m'appelle Pierre. J'habite à Lyon. J'ai les cheveux noirs, très courts et ondulés.
e. J'ai quinze ans. J'ai les cheveux noirs, frisés, longs et les yeux verts.
f. J'ai treize ans. J'ai les cheveux roux, longs, raides et les yeux marron.

UNIT 3. Describing hair and eyes: WRITING (Page 18)

1. Split sentences
a. J'ai les cheveux **blonds**   b. J'ai une **barbe**   c. J'ai **les yeux verts**   d. J'ai **les cheveux noirs**
e. J'ai les cheveux noirs **et frisés**   f. Je m'appelle **Martine**   g. J'ai dix **ans**

2. Rewrite the sentences in the correct order
a. J'ai les cheveux frisés   b. Je n'ai pas de barbe   c. Je m'appelle Richard
d. J'ai les cheveux roux   e. Mon frère s'appelle Paul

3. Spot and correct the grammar and spelling errors
a. J'ai les **yeux** noirs   b. Mon frère **s'appelle** Anthony   c. Elle a **les** cheveux frisés   d. Elle **s'appelle** Martine
e. J'ai quatorze an**s**   f. J'ai les **cheveux raides**   g. J'ai **les** yeux verts   h. J'ai **une barbe**
i. Je porte **des lunettes**   j. Je n'ai pas **de** moustache

4. Anagrams
a. yeux b. barbe c. noirs d. ans e. bleus f. roux g. frisés h. verts

5. Guided writing: write 4 short paragraphs in the first person singular ['I'] each describing the people below
Louis: Je m'appelle Louis. J'ai douze ans. J'ai les cheveux bruns, frisés et longs. J'ai les yeux verts et je porte des lunettes. Je n'ai pas de barbe, mais j'ai une moustache.
Anne: Je m'appelle Anne. J'ai onze ans. J'ai les cheveux blonds, courts et raides. J'ai les yeux bleus et je ne porte pas de lunettes. Je n'ai pas de barbe et de moustache.
Alex: Je m'appelle Alex. J'ai dix ans. J'ai les cheveux roux, ondulés et mi-longs. J'ai les yeux noirs et je porte des lunettes. J'ai une barbe, mais je n'ai pas de moustache.

6. Describe this person in the third person
Il s'appelle Georges. Il a quinze ans. Il a les cheveux noirs, frisés et très courts. Il a les yeux marron. Il ne porte pas de lunettes, mais il a une barbe.

Unit 4 - Saying where I live and am from

UNIT 4. Saying where I live and am from: VOCABULARY BUILDING (Page 21)
1. Complete with the missing word
a. J'habite dans **une** jolie maison   b. J'aime mon **appartement**   c. Je suis **de** Paris
d. **J'habite** dans une petite maison   e. Un appartement dans un **bâtiment** ancien
f. **Je suis** de Saint-Martin, dans les Caraïbes   g. J'habite dans une très **petite** maison
2. Match up
le centre – the centre   jolie – pretty   grande – big   bâtiment – building   ancien – old   la banlieue – the outskirts
la côte – the coast   Maroc – Morocco   je suis de – I am from   belle – beautiful   petite – small   j'habite dans – I live in
3. Translate into English
a. I am from Bordeaux   b. I live in a house   c. My flat is small   d. I am from Nice, in Provence   e. In a modern building
f. I am from Rabat, the capital of Morocco   g. I live in a flat on the coast   h. I am from Nantes, in France
4. Add the missing letter(s)
a. Casablanca   b. Paris   c. Brest   d. Libreville   e. Montréal
f. Nouméa   g. Bruxelles   h. Biarritz   i. Strasbourg   j. Fort-de-France
5. Broken words
a. Je suis de Biarritz, dans le Pays basque   b. Je vis dans une grande maison
c. Je suis de Paris, la capitale de la France   d. J'habite dans un appartement sur la côte en Bretagne
e. Je vis dans une petite, mais jolie maison   f. Je suis de Bruxelles et j'habite dans un bâtiment ancien
6. Complete with a suitable word
a. Je suis **de** Brest   b. Je vis **dans** une jolie maison   c. Dans un **bâtiment** ancien
d. J'habite dans une maison dans la **banlieue**   e. Saint-Denis est la capitale de la **Réunion**
f. Je vis dans une **grande** maison   g. Je suis de **Paris**   h. J'habite dans un appartement dans un bâtiment **moderne**

Unit 4. "Geography test". Match the numbers to the cities (Page 22)
France: 1 – **Brest**   2 – **Paris**   3 – **Biarritz**   4 – **Nantes**   5 – **Strasbourg**
Africa: 1 – **Niamey** (Niger)   2 – **Yamoussoukro** (Ivory coast)   3 – **Ouagadougou** (Burkina Faso)
4 – **Dakar** (Senegal)   5 – **Libreville** (Gabon)   6 – **Brazzaville** (Congo)   7 – **Casablanca** (Morocco)
8 – **Bamako** (Mali)   9 – **Antananarivo** (Madagascar)

UNIT 4. Saying where I live and am from: READING (Page 23)
1. Find the French for the following in Isabelle's text
a. Je m'appelle   b. J'ai vingt-et-un ans   c. Je vis à   d. Un grand appartement   e. Dans la banlieue   f. Le deux juin
g. J'ai un chien   h. Il est très grand   i. Son anniversaire est le premier avril   j. Il a trois ans   k. J'ai aussi une araignée
2. Complete the statements below based on Charles's text
a. I am **22** years old   b. My birthday is the **9th** of **August**   c. I live in a **pretty** house   d. My house is in the **centre** of town
e. I like Édouard, but Renaud is **very stupid**   f. My friend Julien **lives** in Brest   g. He lives in an old **building**
3. Answer the questions on the four texts above
a. 15   b. they are twins   c. Charles   d. Isabelle   e. she celebrates both birthdays at the same time
f. Charles   g. Isabelle   h. Isabelle and Stéphanie   i. Marina, Isabelle's friend
4. Correct any of the statements below [about Stéphanie's text] which are incorrect
a. Stéphanie habite à Casablanca, **sur la côte** du Maroc   b. Dans la famille de Stéphanie, il y a quatre personnes
c. Son anniversaire est en **mai**   d. L'anniversaire de Sarah est le **trente** mars
e. Stéphanie habite dans une **grande et jolie** maison sur la côte   f. Elle aime beaucoup sa maison

UNIT 4. Saying where I live and am from: TRANSLATION/ WRITING (Page 24)
1. Translate into English
a. I live in   b. a house   c. a flat   d. pretty   e. big   f. in a building   g. old   h. modern
i. in the centre   j. on the outskirts   k. on the coast   l. I am from   m. in France   n. in Morocco   o. in New Caledonia

2. Gapped sentences
a. J'habite dans une belle **maison**   b. Un appartement dans un **bâtiment** neuf   c. J'habite dans un petit **appartement**
d. Une **maison** dans la **banlieue**   e. **Je suis de** Paris, la capitale de la France

3. Complete the sentences with a suitable word
a. J'habite à **Dakar**, la capitale du Sénégal   b. Je suis de Nice, en **France/Provence**
c. Je vis dans un **grand** appartement dans la **banlieue**   d. J'habite dans une jolie maison dans le **centre-ville**
e. Je **suis** de Bruxelles, la **capitale** de la Belgique   f. Je vis dans un **appartement** moderne dans le centre

4. Phrase-level translation (English to French)
a. j'habite à/dans   b. je suis de   c. une maison   d. un appartement   e. neuf (m)   f. petit (m)
g. dans un vieux bâtiment   h. dans le centre   i. dans la banlieue   j. sur la côte   k. au Pays basque

5. Sentence-level translation (English to French)
a. Je suis Biarritz, dans le Pays basque en France. J'habite dans une grande et jolie maison dans la banlieue.
b. Je suis de Montréal au Québec. J'habite dans un petit et joli appartement dans le centre.
c. Je suis de Saint-Denis, la capitale de l'île de la Réunion. J'habite dans un appartement dans un nouveau bâtiment sur la côte. Mon appartement est petit, mais joli.
d. Je suis de Casablanca, au Maroc. J'habite dans un appartement dans un vieux bâtiment dans la banlieue. J'aime mon appartement.

Unit 4. Saying where I live and am from: WRITING (Page 25)
1. Complete with the missing letters
a. Je m'appel**le** Paul   b. Je **vis** dans une jo**lie** maison   c. **Je** vis dans un gra**nd** app**ar**tement
d. J'**ha**bite dans une **mai**son dans le cent**re**   e. Je **suis** de B**rest** en Bretagne   f. **Je suis** de **Bruxelles** en Belgi**que**
g. Je v**is** dans un pe**tit** appartement **dans** la banli**eue**   h. **je** suis de Libre**ville** au Ga**bon**

2. Spot and correct the spelling mistakes
a. Je suis de **Brest** en **Bretagne**   b. Je **vis à Biarritz** dans le **Pays** basque   c. J'habite dans une **petite** maison
d. Je vis dans un **grand** appartement   e. Je vis dans un **bâtiment moderne**   f. Je vis en **Nouvelle** Calédonie
g. Je suis de **Casablanca** au Maroc

3. Answer the questions in French
a. Je m'appelle… (your name)   b. J'ai …(number) ans   c. Mon anniversaire c'est le… (number, month)
d. Je suis de/du/d'/des… (country)   e. J'habite à… (city)   f. J'habite dans (une maison/un appartement)

4. Anagrams (regions of France and countries)
a. stBre: Brest   b. queBas: **Basque**   c. bourgStras: Strasbourg   d. ébecuQ: Québec
e. coMar: Maroc   f. taBregne: Bretagne   g. ceNi: Nice   h. vencePro: Provence
i. ztirraiB: Biarritz   j. iqueMartin: Martinique

5. Guided writing: write 4 short paragraphs in the 1st person singular ['I'] describing the people below
Samuel: Je m'appelle Samuel, j'ai douze ans et mon anniversaire c'est le vingt juin. Je vis à Biarritz au Pays basque.
Alain: Je m'appelle Alain, j'ai quatorze ans et mon anniversaire c'est le quatorze octobre. J'habite à Paris en France.
André: Je m'appelle André, j'ai onze ans et mon anniversaire c'est le quatorze janvier. Je vis à Brest en Bretagne.
Charles: Je m'appelle Charles, j'ai treize ans et mon anniversaire c'est le dix-sept novembre. J'habite à Dakar au Sénégal.
Caroline: Je m'appelle Caroline, j'ai quinze ans et mon anniversaire c'est le dix-neuf octobre. Je vis à Nice en Provence.
6. Describe this person in the third person: Il s'appelle Alexandre, il a seize ans. Son anniversaire c'est le quinze mai. Il est de Montréal au Québec, mais il habite à Paris en France.

Unit 5 - Talking about my family members

Unit 5. Talking about my family + Counting to 100: VOCABULARY BUILDING (Page 28)

1. Complete with the missing word
1. Dans ma f**amille** j'ai
2. Il y a **cinq** personnes
3. Mon **grand-père**, Claude
4. Mon grand-père **a** quatre-vingts ans
5. Ma **mère** Éliane
6. Elle **a** cinquante ans

2. Match up
seize – **16**   douze – **12**   vingt-et-un – **21**   dix – **10**   trente-trois – **33**   treize – **13**   quarante-huit – **48**
cinquante-deux – **52**   cinq – **5**   quinze – **15**

3. Translate into English
a. I get along badly with   b. My grandmother, Thérèse   c. My uncle   d. There are four people   e. In my family
f. I get along well with   g. My father   h. She is twenty years old

4. Add the missing letter
a. fam**i**lle   b. j'**a**i   c. person**n**es   d. grand-p**è**re   e. fr**è**re   f. gr**a**nd
g. m**è**re   h. c**o**usin   i. je m'entend**s**   j. b**i**en   k. qu**i**nze   l. d**i**x

5. Broken words
a. Il **y** a **six** personnes **dans** ma f**amille**   b. Ma sœur **a** douze ans   c. Dans ma fam**ille** j'**ai**
d. M**on** cousin s'**appelle** Sylvain   e. M**on** père a c**inquante**-cinq ans   f. Je m'entends mal avec mon grand frère

6. Complete with a suitable word
a. Dans ma **famille**   b. **Il y a** trois personnes   c. Ma **petite/grande** sœur   d. Elle a quatorze **ans**
e. Ma **mère**, Gisèle a trente-cinq ans   f. Je m'entends **bien/mal** avec mon père   g. Il y a quatre **personnes** dans ma famille
h. Je **m'entends** bien avec ma grand-mère   i. Je m'entends **bien/mal** avec mon oncle

Unit 5. Talking about my family + Counting to 100: VOCABULARY DRILLS (Page 29)

1. Match up
dans ma – in my   **famille** – family   **il y a** – there are   **sept** – seven   **je m'entends bien** – I get on well   **avec** – with

2. Complete with the missing word
a. **Il y a** cinq personnes   b. Mon **père**, Jean, a soixante ans   c. Je **m'entends** bien avec mon oncle
d. Je m'entends **mal** avec mon cousin   e. Ma tante, Gisèle, **a** quarante ans   f. Il a **dix-huit** ans
g. **Elle** a vingt-six ans   h. Ma **grand-mère**, Adèle, a quatre-vingts ans

3. Translate into English
a. He is nine   b. She is forty   c. My father is forty four   d. I get on badly with my uncle
e. I get along well with my brother   f. My younger sister is five   g. There are eight people in my family
h. In my family there are six people

4. Complete with the missing letters
a. Mon gr**a**nd frère   b. Dans ma fa**mille** i**l y a** trois personnes   c. Mon cousin a dix-**huit** ans
d. Je m'enten**d**s très m**al** avec mon frère   e. Mon **o**ncle a quara**nte** ans   f. Je m'entends tr**ès** bi**en** avec ma cousine
g. Mon c**o**usin a qu**i**nze ans   h. Je m'entends assez bien avec **e**lle

5. Translate into French
a. dans ma famille   b. il y a   c. mon père   d. a quarante ans   e. je m'entends bien   f. avec

6. Spot and correct the errors
a. Dans ma famille il y a trois **personnes**   b. Ma grand-**mère** Adèle   c. Mon frère **a** neuf ans
d. Je m'entends **mal** avec mon cousin   e. Mon cousin a **huit** ans   f. Mon **grand** frère, David

Unit 5. Talking about my family… Counting to 100: TRANSLATION (Page 30)

1. Match up
Vingt – **20**   Trente – **30**   Quarante – **40**   Cinquante – **50**   Soixante – **60**   Quatre-vingts – **80**   Quatre-vingt-dix – **90**
Cent – **100**   Soixante-dix – **70**

2. Write out in French
a. trente-cinq   b. soixante-trois   c. quatre-vingt-neuf   d. soixante-quatorze
e. quatre-vingt-dix-huit   f. cent   g. quatre-vingt-deux   h. vingt-quatre   i. dix-sept

3. Write out with the missing number
a. J'ai **vingt**-et-un ans   b. Mon père a **cinquante**-sept ans   c. Ma mère a **quarante**-huit ans
d. Mon grand-père a **cent** ans   e. Mon oncle a **soixante**-deux ans   f. Ils ont **quatre-vingt-dix** ans
g. Mes cousins ont **quarante**-quatre ans   h. Elle a **soixante-dix** ans?

4. Correct the translation errors
a. Mon père a **quarante** ans   b. Ma mère a cinquante-**deux** ans   c. Nous avons quarante-**deux** ans
d. J'ai quarante-**et**-un ans   e. Ils ont trente-**quatre** ans

5. Translate into French (please write out the numbers in letter)
a. Dans ma famille, il y a quatre personnes   b. Ma mère s'appelle Susanne et elle a quarante-trois ans
c. Mon père s'appelle Pierre et il a quarante-huit ans   d. Ma sœur aînée s'appelle Julie et elle a trente-et-un ans
e. Ma sœur cadette s'appelle Amandine et elle a dix-huit ans   f. Je m'appelle Alice et j'ai vingt-sept ans
g. Mon grand-père s'appelle Anthony et il a quatre-vingt-sept ans

Unit 5. Talking about my family + Counting to 100: WRITING (Page 31)

1. Spot and correct the spelling mistakes
a. **qua**rante   b. trente-**et**-un   c. quatre-vingt-deux   d. vingt-**et**-un   e. quatre-vingt-deux   f. **c**ent   g. soixante-dix   h. **seize**

2. Complete with the missing letters
a. Ma mère a quarante an**s**   b. Mon père a cin**q**uante-et-un an**s**   c. Mes grand**s**-parents ont quatre-**vingts** an**s**
d. **M**on pet**it** frère a vingt ans   e. **M**a grand-mère a qua**tre**-vingt-dix an**s**   f. Mon gra**nd** f**r**ère a trente an**s**

3. Rearrange the sentence below in the correct word order
a. Dans ma famille il y a quatre personnes   b. Je m'entends bien avec mon frère
c. Mon père qui s'appelle Michel a cinquante-deux ans d. Dans ma famille il y a trois personnes: ma mère, mon père et moi
e. Mon cousin, qui s'appelle Yoan, a trente-sept ans   f. Mon grand-père, qui s'appelle Fernand, a quatre-vingt-sept ans

4. Complete
a. **d**ans ma **famille**   b. il **y a**   c. qui s'**appelle**   d. ma **mère**
e. m**o**n père   f. il a **c**inquante ans   g. j'ai **s**oixante ans   h. il a **q**uarante ans

5. Write a relationship sentence for each person as shown in the example
Paul: *Mon meilleur ami s'appelle Paul et il a quinze ans. Je m'entends très bien avec lui.*
Benoît: Mon père s'appelle Benoît et il a cinquante-sept ans. Je ne m'entends pas bien avec lui.
Martine: Ma mère s'appelle Martine et elle a quarante-cinq ans. Je m'entends très mal avec elle.
Antoinette: Ma tante s'appelle Antoinette et elle a soixante ans. Je m'entends bien avec elle.
André: Mon oncle s'appelle André et il a soixante-sept ans. Je ne m'entends pas bien avec lui.
Michel: Mon grand-père s'appelle Michel et il a soixante-quinze ans. Je m'entends très bien avec lui.

Revision Quickie 1: Numbers 1-100, dates and birthdays, hair and eyes, family (Page 32)

1. Match up

onze – 11   douze – 12   treize – 13   quatorze – 14   quinze – 15   seize – 16   dix-sept – 17   dix-huit – 18   dix-neuf - 19   vingt – 20

2. Translate the dates into English

a. 30th June   b. 1st July   c. 15th September   d. 22nd March   e. 31st December   f. 5th January   g. 16th April   h. 29th February

3. Complete with the missing words

a. Mon anniversaire **est** le quinze avril   b. J'ai quatorze **ans**   c. Mon frère **a** les cheveux **blonds**
d. D'où es-tu?   e. Dans ma famille **il y a** quatre personnes   f. **Ma** mère a les **yeux** marron
g. Je suis **du** Québec   h. Mon frère s'**appelle** Robert

4. Write out the solution in words as shown in the example

a. dix   b. vingt   c. soixante-dix   d. quarante   e. soixante   f. quarante   g. quatre-vingt-dix   h. soixante-dix   i. cinquante

5. Complete the words

a. mon gr**and-père**   b. ma **c**ousine   c. les **y**eux verts   d. la ba**rbe**   e. les lu**nettes**   f. ma sœur   g. j'**ai**

6. Translate into English

a. My mother has light brown hair   b. I have blue eyes   c. I am 40   d. My grandfather is 90   e. My dad wears glasses
f. My brother has a moustache   g. My brother has black hair   h. My sister has grey eyes

Unit 6 - Describing myself and another family member: physical and personality (Part 1/2)
Grammar Times 1&2

Unit 6. Part 1: VOCABULARY BUILDING (Page 34-35)

1. Match
Je suis sympathique – I am nice   **Je suis timide** – I am shy   **Je suis têtu** – I am stubborn
Je suis beau – I am good-looking   **Je suis marrant** – I am fun   **Je suis généreux** – I am generous
Je suis fort – I am strong   **Je suis antipathique** – I am unfriendly   **Je suis petit** – I am short
Je suis grand – I am tall   **Je suis mince** – I am slim

2. Complete
a. Mon petit frère est m**ince**   b. Mon père est m**échant**   c. Ma grande sœur est t**êtue**
d. Je suis m**usclé**   e. Mon grand frère est m**arrant**   f. Mon ami Paul est **fort**

3. Categories: sort the adjectives below in the categories provided
Le physique: a. fort b. musclé e. belle k. gros l. moche
La personalité: c. sympathique d. têtu f. intelligente g. patiente h. timide i. généreux j. ennuyeux m. marrant

4. Complete the words
a. Je suis ennuy**eux**   b. Je suis moc**he**   c. Je suis musclé**e**   d. Je suis tê**tu**
e. Je suis peti**te**   f. Je suis for**t**   g. Je suis sym**pa**   h. Je suis gr**os**

5. Translate into English
a. My big sister is generous   b. My little brother is not fat   c. My big brother is boring   d. My mother is fun
e. I am not ugly   f. I am a bit stubborn   g. I am very handsome   h. My friend Valentin is strong

6. Spot and correct the translation mistakes
a. ~~He is~~ **I am** strong   b. He is ~~fat~~ **slim**   c. I am very ~~ugly~~ **pretty**   d. My mother is ~~short~~ **tall**   e. My cat is ~~cute~~ **ugly**
f. My sister is ~~boring~~ **stubborn.**   g. My father is ~~nice~~ **mean**

7. Complete
a. m**a** mère   b. m**on** frère   c. m**on** père   d. m**a** famille   e. il **est** têtu   f. m**a** sœur

8. English to French translation
a. Je suis forte et marrante   b. Ma mère est très têtue   c. Ma sœur est petite et mince
d. Mon frère est intelligent   e. Je suis sympa et marrante   f. Mon père est grand et un peu gros
g. Gargamel est moche et méchant   h. Je suis grand et musclé

Grammar Time 1: Present indicative of "Être" (to be) – Drills 1 (Page 37)

1. Match up

nous sommes – we are   elles sont – they are   je suis – i am   tu es – you are   vous êtes – you guys are   il est – he is

2. Complete with the missing forms of 'Être'

a. Je **suis** très bavard   b. Ma mère **est** marrante   c. Mes sœurs **sont** bavardes   d. Mon frère **est** très paresseux
e. Mes parents **sont** stricts   f. Comment **es**-tu?   g. Comment **sont** tes cheveux?   h. **Vous êtes** très forts!

3. Translate into English

a. My father is nice   b. My mother is talkative   c. My brothers are shy   d. My younger sister is not very tall
e. My best friend is a bit fat   f. My grandfather is very kind   g. My older sister is very tall   h. You are very strong

4. Complete with the missing letters

a. Nous som**mes** très sympathiques   b. Ma mère **est** très stricte   c. Mes parents s**ont** très patients
d. Mes cousins **sont** très méchants   e. Ma sœur **est** très grosse   f. Vous ê**tes** très bavards!
g. Je **suis** un peu timide   h. Mes grands-parents **sont** très aimables   i. Comment es-tu?

5. Translate into French

a. tu **es**   b. il **est**   c. vous **êtes**   d. elles **sont**   e. nous **sommes**   f. elle **est**

6. Spot and correct the errors

a. Ma mère **est** très sympathique   b. Mes parents **sont** très patients et aimables   c. Ma sœur est mince
d. Ma sœur et moi so**mmes** grands   e. Comment **es**-tu?

Present indicative of "Être" (to be) – Drills 2 (Page 38)

7. Complete with the missing letters

a. Nous som**mes** grands   b. Tu es petit   c. Mon chat **est** gros   d. Mes professeurs **sont** très patients
e. **Tu** es très belle   f. Je ne **suis** pas timide   g. Mon frère et moi **sommes** très travailleurs

8. Complete with the missing forms of the verb ÊTRE

a. Ma mère **est**   b. Mes parents **sont**   c. Je **suis**   d. Elles **sont**
e. Ma mère et moi **sommes**   f. Mon frère **est**   g. Toi et tes soeurs **sont**   h. Tu **es**   i. Vous **êtes**

9. Complete with the missing forms of ÊTRE

a. Je **suis** de Martinique   b. Ma mère **est** très grande et belle   c. Mes parents **sont** très stricts
d. Mon frère **est** très ennuyeux   e. Je **suis** un peu gros   f. Elles **sont** petites
g. Mon frère et moi **sommes** musclés   h. Mon cousin Marco **est** italien   i. Comment **est** ta sœur?

10. Translate into French. Make sure the <u>underlined words</u> have a feminine ending in French ('e')

a. Ma mère est grande   **b.** Mon père est petit   **c.** Mon frère est moche   **d.** Ma sœur est bavarde
e. Mon grand-père est strict   **f.** Ma grand-mère est patiente   **g.** Ma mère est intelligente

11. English to French translation. Remember that plural adjectives add an 'S' (e.g. *fort – forts*). Make sure that the <u>words underlined</u> end in 's' or 'es', as shown in the example:

a. Ma mère et ma sœur sont très grande**s**   b. Mes sœurs sont gentill**es** et patient**es**   c. Mes parents sont très sympas
d. Je suis bavard**e** et paresseuse   e. Mon frère et moi sommes très grands   f. Ma mère et ma sœur sont joli**es**
g. Ma copine et sa sœur sont très petit**es**

Grammar Time 2: AVOIR – To have: Part 1, Present indicative (Page 39)
Verb drills

1. Translate into English
a. We have black hair   b. He has blond hair   c. They have very long hair   d. You have very short hair
e. They have green eyes   f. He has red hair   g. We have curly hair   h. He has mid-length and straight hair

2. Spot and correct the mistakes (note: not all sentences are wrong)
a. Ma mère **a** les cheveux blonds   b. Mes frères **ont** les cheveux gris   c. J'ai les cheveux longs
d. Ils ont les cheveux courts   e. Nous avons les cheveux cour**ts**   f. Mes parents ont les cheveux frisés

3. Complete with the missing verb ending
a. J'**ai** les cheveux blonds   b. Ma mère **a** les yeux bleus   c. Mes sœurs **ont** les cheveux roux
d. Ma mère **a** les cheveux gris   e. Nous **avons** les cheveux noirs   f. Mon grand-père **a** les cheveux blancs
g. Ma mère et moi **avons** les cheveux blancs   h. Mon cousin **a** les cheveux châtains   i. Vous **avez** les cheveux longs?
j. Mon frère et moi **avons** les cheveux frisés   k. Mon ami Paul **a** les yeux verts   l. Mes frères **ont** les cheveux courts
m. J'**ai** les cheveux mi-longs   n. Tu **as** les cheveux longs comme ta mère?

4. Complete with: a, avons or ont
a. Ma mère **a** les cheveux blonds   b. Mes parents **ont** les yeux marron
c. Ma grande sœur et moi **avons** les cheveux noirs   d. Mes grands-parents **ont** les cheveux noirs
e. Mes parents **ont** les cheveux blonds   f. Mes sœurs **ont** les cheveux frisés
g. Ma petite sœur et moi **avons** les cheveux ondulés   h. Mon cousin **a** les cheveux roux
i. Mes deux sœurs **ont** les cheveux raides   j. Mon amie Nicole et moi **avons** les yeux bleus

5. Translate into French
a. Nous avons les cheveux noirs   b. Tu as les cheveux longs   c. Vous avez les yeux bleus   d. Elle a les yeux verts
e. Mon père a les cheveux frisés   f. Ma sœur a les cheveux raides   g. Mon oncle a les cheveux gris
h. Mon grand-père n'a pas de cheveux   i. Mon père et moi avons les cheveux blonds   j. Mon oncle Paul a les yeux verts

6. Guided writing: write a text in the first person singular (I) including the details below
J'ai neuf ans et j'ai un frère et une sœur. Mon frère a quinze ans. Il a les cheveux bruns, raides et courts. Il a les yeux verts. Il est grand et beau. J'ai une sœur et elle a douze ans. Elle a les cheveux noirs, frisés et longs et elle a les yeux marron. Mes parents sont petits et ils ont les cheveux foncés et les yeux marron.

7. Write an 80 to 100 words text in which you describe four people you know very well, relatives or friends.
MODEL TEXT
Mon frère s'appelle Pierre. Il a dix-huit ans. Il a les cheveux noirs, courts et raides, et les yeux marron. Il ne porte pas de lunettes. Il est grand et assez mince. Il est très travailleur et aimable. Mon meilleur ami s'appelle Jean. Il a douze ans. Il a les cheveux châtains et rasés. Il a les yeux verts et il porte des lunettes. Il est grand et fort. Il est très marrant et intelligent. Ma cousine s'appelle Vinciane et elle a quinze ans. Elle a les cheveux longs, blonds et raides, et les yeux bleus. Elle ne porte pas de lunettes. Elle est petite et mince. Elle est très timide et paresseuse. Mon oncle s'appelle André et il a trente-neuf ans. Il a les cheveux gris, courts et ondulés. Il a les yeux noirs et porte des lunettes. Il est grand et un peu gros. Il est très sympa et assez bavard.

Unit 6 - Describing my family and saying why I like/dislike them (Part 2/2)

Unit 6. (Part 2) Describing my family: VOCABULARY BUILDING (Page 42)
1. Complete with the missing word
1. Dans ma famille j'**ai**… 2. J'ai **quatre** personnes 3. Ma **mère**, Angèle 4. Je m'entends **bien** avec ma…
5. Je m'entends **mal** avec mon… 6. Mon oncle **est** très grand et…

2. Match up
ma tante – my aunt **mon grand-père** – my granddad **ma mère** – my mum **mon père** – my dad
mon grand frère – my big bro **ma cousine** – my cousin*(f)* **mon petit frère** – my little bro **mon oncle** – my uncle
ma sœur – my sister **ma cousine** – my cousin*(f)*

3. Translate into English
a. I like my uncle   b. My cousin (f) is generous   c. She has blond hair   d. I get on well with her
e. I don't like my   f. I get along badly with   g. He is stubborn   h. You are laid-back

4. Add the missing letter
a. t**ê**tu   b. Je m'entends   c. sympathique   d. grand-père   e. cousin   f. **p**etit
g. grand   h. m**è**re   i. auss**i**   j. **o**ncle   k. j'aime   l. parce que

5. Broken words
a. Dans ma famille j'**ai**   **b. Quatre personnes**   **c.** Ma mère est très sympa   **d.** Je m'entends bien avec mon
e. Mon oncle est très généreux   **f.** Je m'entends mal avec ma   **g.** Ma sœur a les cheveux longs   **h.** Elle est têtue

6. Complete with a suitable word
a. J'ai quatre **personnes**   b. **Je suis** sympathique   c. Je m'entends bien
d. Elle est très **(personality or physical adjective)**   e. Il a les **cheveux** blonds   f. **J'aime** ma mère
g. Je m'entends **bien/mal** avec mon oncle   h. Elle a les cheveux noirs et **raides/courts/frisés/longs**
i. Il a les **yeux** bleus   j. Mon cousin est **très/assez** marrant   k. Ma **mère/sœur/tante/copine** est très intelligente

Unit 6. (Part 2) Describing my family: READING (Page 43)
1. Find the French for the following items in Véronique's text
a. je m'appelle b. dans le sud c. mon grand-père d. mais e. très f. mon père g. les yeux marron h. les cheveux rasés

2. Answer the following questions about Pierre's text
a. 10   b. Paris   c. 8   d. uncle   e. he is funny and nice   f. aunt   g. 5th May   h. Pujos

3. Complete with the missing words
Je m'appelle Alexandra. **J'ai** dix ans et je vis **à** Biarritz. Dans ma famille, j'ai quatre **personnes**. Je m'entends bien avec mon grand-père car il **est** très sympa et amusant. Mon père a les **cheveux** courts et les **yeux** verts.

4. Find someone who…
a. Georges b. Emmanuel c. Pierre's aunt d. Emmanuel e. Véronique f. Charles g. Véronique's father h. Pierre's aunt

Unit 6. (Part 2) Describing my family: TRANSLATION (Page 44)
1. Faulty translation: spot and correct any translation mistakes (in the English) you find below
a. In my family there are **four** people   b. My mother Anne and my **brother** David   c. I get on **badly** with my father
d. My **uncle** is called Yvon   e. Yvon is very **nice** and fun   f. **Yvon** has **shaved hair**

2. From French to English
a. I like my grandfather
b. My grandmother is very nice
c. My cousin has shaved hair
d. I get on well with my big brother
e. I get on very badly with my cousin
f. I love my grandmother because she is generous
g. My father is nice and fun
h. I don't like my little sister
i. I get on badly with my cousin Éric because he is stupid

3. Phrase-level translation
a. Il est sympa
b. Elle est généreuse
c. Je m'entends bien avec
d. Je m'entends mal avec
e. Mon oncle est amusant
f. Mon petit frère
g. J'aime ma cousine Marie
h. Elle a les cheveux courts et noirs
i. Il a les yeux bleus
j. Je n'aime pas mon grand-père
k. Il est très têtu

4. Sentence-level translation
a. Je m'appelle Pierre Pujos. J'ai neuf ans. Dans ma famille, j'ai quatre personnes.
b. Je m'appelle Carla. J'ai les yeux bleus. Je m'entends bien avec mon frère.
c. Je m'entends mal avec mon frère parce qu'il est têtu.
d. Je m'appelle Frank. J'habite en France. Je n'aime pas mon oncle David parce qu'il est méchant.
e. J'aime beaucoup ma cousine parce qu'elle est très sympa.
f. Dans ma famille, j'ai cinq personnes. J'aime mon père, mais je n'aime pas ma mère.

Unit 6. (Part 2) Describing my family: WRITING (Page 45)

1. Split sentences
a. Mon père est **sympathique**
b. Ma mère est **généreuse**
c. Elle a les **yeux verts**
d. Il a **les cheveux noirs**
e. Je n'aime pas **mon oncle**
f. J'aime beaucoup ma **tante**
g. Je m'entends **bien avec elle**

2. Rewrite the sentences in the correct order
a. Dans ma famille j'ai six personnes
b. Je m'entends bien avec mon frère
c. Je n'aime pas mon oncle
d. Ma mère a les yeux bleus
e. Ma tante est sympa et amusante

3. Spot and correct the grammar and spelling errors
a. Dans ma famille j'**ai**
b. Je m'**entends** bien avec
c. Je n'aime pas **ma** tante
d. Mon frère est **amusant**
e. Je m'entends **mal** avec
f. Mon père est **généreux**
g. Elle a les **yeux bleus**
h. Ma sœur est très **têtue**
i. Il a **les cheveux** rasés
j. **J'** aime beaucoup mon oncle

4. Anagrams
a. famille
b. mince
c. grosse
d. belle
e. intelligente
f. sympa
g. têtu
h. amusante

5. Guided writing: write 3 short paragraphs describing the people below in the first person
Paul: Je m'appelle Paul. J'ai douze ans. Dans ma famille, j'ai quatre personnes. J'aime ma mère parce qu'elle est très sympa. Elle a les cheveux blonds et longs. J'aime mon grand frère parce qu'il est marrant et très gentil. Je n'aime pas ma cousine Emma parce qu'elle est très méchante et égoïste.

Léon: Je m'appelle Léon. J'ai onze ans. Dans ma famille, j'ai cinq personnes. J'aime mon père parce qu'il est très amusant. Il a les cheveux noirs et courts. J'aime ma grand-mère parce qu'elle est très sympa et généreuse. Je n'aime pas mon oncle Édouard parce qu'il est têtu et moche.

Michel: Je m'appelle Michel. J'ai dix ans. Dans ma famille, j'ai trois personnes. J'aime mon grand-père parce qu'il est très marrant. Il a les cheveux très courts. J'aime ma petite sœur parce qu'elle est très gentille et timide. Je n'aime pas ma tante Caroline parce qu'elle est très forte, mais têtue.

6. Describe this person in the third person:
Mon oncle s'appelle Anthony. Il a les cheveux blonds, rasés et il a les yeux bleus. Je l'aime beaucoup. Il est grand et fort et il est sympa, marrant et généreux.

Unit 7 - Talking about pets
Grammar Time 3: AVOIR (pets and description)
Questions skills 1: age/descriptions/pets

Unit 7. Talking about pets: VOCABULARY BUILDING (Page 48)
1. Complete with the missing word
a. Chez moi, j'ai un o**iseau** b. Je n'ai pas de l**apin** c. Je voudrais avoir un **c**hien
d. Je ne voudrais pas avoir de **tortue** e. **C**hez moi, j'ai un **c**hat f. Je n'ai pas de **s**erpent
g. J'**ai** une araignée chez moi h. Je **v**oudrais avoir un cheval

2. Match up
un chat – a cat un chien – a dog un cheval – a horse un oiseau – a bird un poisson – a fish une tortue – a turtle
un canard – a duck un perroquet – a parrot deux poissons – two fish une souris – a mouse
un cochon d'Inde – a guinea pig

3. Translate into English
a. I have a dog b. My friend Léa has a duck c. I have 2 fish d. I don't have a pet at home
e. I have 3 dogs f. I would like to have a guinea pig g. My brother has a turtle h. My cat is 5

4. Add the missing letter
a. mon ami**e** b. une tortue c. un **p**erroquet d. deux poisson**s** e. un **p**oisson f. un lapin g. un canard h. un cheval

5. Anagrams
a. chien b. chat c. tortue d. poisson e. souris f. canard g. araignée h. cheval

6. Broken words
a. **C**hez **m**oi j'**ai** un **c**hien b. **M**on **a**mi Paul a u**n** **p**erroquet c. **M**on frère a une **tortue**
d. Je n'**ai** pas de l**a**pin e. J'**ai** un **s**erpent

7. Complete with a suitable word
a. J'ai dix **animaux** b. Mon poisson s'**appelle** Nemo c. Mon **ami (or masc family member)** Paul a un chien
d. Mon frère **a** une souris e. Chez **moi** j'ai deux animaux f. **C**hez moi, j'ai deux animaux: un chien et une **(fem animal)**
g. Chez moi j'ai **(number)** lapins h. Chez moi j'ai **(number)** souris i. J'ai **(number)** canards

Unit 7. Talking about pets: READING (Page 49)
1. Find the French for the following in Hélène's text
a. deux animaux b. qui s'appelle c. un chat d. un chien e. très mignon
f. comme mon frère g. mes parents h. je m'appelle i. très méchant j. quatre personnes

2. Find someone who? – answer the questions below about Hélène, Robert, Solène and Jules
a. Robert et Hélène b. Robert c. Solène d. Jules e. Solène et Jules f. Hélène

3. Answer the following questions about Jules' text
a. La Rochelle b. very serious and hard-working c. the rabbit d. the turtle e. the turtle f. the rabbit g. the brother

4. Fill in the table below
Hélène: 8/Paris/dog very cute and cat very mean   **Robert:** 9/Mende/parrot very chatty and cat very playful

5. Fill in the blanks (with the most appropriate word)
Je m'**appelle** Paul. J'ai onze **ans** et je v**is** à Biarritz. **C**hez moi, il y a cinq personnes: mes parents, moi et **mes** deux s**œurs**, qui s' appellent Anna et Martine. Anna e**st** très bavarde et aimable. Martine est t**rès** paresseuse et mé**chante**. Nous a**vons** deux animaux chez nous: une souris q**ui** s'appelle Maya et un chat qui s'**appelle** Swift. Swift est t**rès** marrant et énergique. Maya e**st** très aimable, **comme** ma sœur Anna.

Unit 7. Talking about pets: TRANSLATION (Page 50)

1. Faulty translation: spot and correct any translation mistakes you find below

a. In my family there are four people and **two** pets.
b. At home we have two pets: a dog and a **mouse**
c. My friend Paul has a **turtle** called Kura. Kura is very **fun**
d. My **brother** has a **horse** called Flash
e. My **mother** has a **guinea pig** called Nicole
f. I have a **cat** called Terreur. Terreur is very **lively**

2. Translate into English

a. A playful cat
b. A cute dog
c. A fun duck
d. A boring turtle
e. A beautiful horse
f. A lively mouse
g. A curious guinea pig
h. I have two pets
i. At home, we have pets
j. I would like to have a dog
k. I would like to have a fish
l. I have a turtle, but I would like a snake

3. Phrase-level translation (English to French)

a. Un chien ennuyeux
b. Un canard marron
c. Chez moi
d. Nous avons
e. Un beau cheval
f. Un chat curieux
g. J'ai
h. Je n'ai pas
i. Je voudrais avoir

4. Sentence-level translation (English to French)

a. Mon frère a un cheval qui s'appelle Raya.
b. Ma sœur a une tortue moche qui s'appelle Nicole.
c. J'ai un gros hamster qui s'appelle Grassouillet.
d. Chez moi nous avons trois animaux: un canard, un lapin et un perroquet.
e. J'ai une souris qui s'appelle Sam.
f. Chez moi nous avons trois animaux: un chat, un chien et un hamster.
g. J'ai deux poissons qui s'appellent Nemo et Dory.

Unit 7. Talking about pets: WRITING (Page 51)

1. Split sentences

a. J'ai un chien qui **s'appelle Bandit**
b. Chez nous, nous avons **deux animaux**
c. J'ai une souris **noire**
d. J'ai un **chat blanc**
e. J'aimerais **avoir une araignée**
f. Ma sœur a une **tortue**
g. Je n'ai pas d'animaux **chez moi**

2. Rewrite the sentences in the correct order

a. À la maison, nous avons trois animaux
b. J'aimerais avoir une souris
c. J'ai un chien et un chat
d. Mon ami Paul a un oiseau noir
e. Nous avons un perroquet vert qui s'appelle Coco
f. Nous avons deux poissons bleus
g. Ma sœur a une tortue qui s'appelle Kura

3. Spot and correct the grammar and spelling [note: in several cases a word is missing]

a. Chez moi **j'ai** un chat **et** un chien
b. J'ai une souris **noire**
c. J'aimerais avoir **un** serpent
d. Ma sœur **a** un chat blanc
e. Mon ami Pierre a deux **poissons**
f. Mon cheval **s'appelle** Raya
g. J'ai **un** cheval marron
h. Chez moi, nous avons deux **canards**

4. Anagrams

a. chien   b. chat   c. souris   d. canard   e. lapin   f. tortue   g. oiseau

5. Guided writing: write 3 short paragraphs (in 1st person) describing the pets below using the details in the box

Paul: J'ai un chien qui a quatre ans. Il est blanc et affectueux.
Léon: J'ai un canard qui a six ans. Il est bleu et marrant.
Michel: J'ai un cheval qui a un an. Il est marron et beau.

6. Describe this person in the third person:

Il s'appelle Robert, il a les cheveux blonds et courts. Il a les yeux verts. Il est très sympa et il est petit et gros. Il a un chien, un chat et deux poissons, et il voudrait avoir une araignée.

Grammar Time 3: AVOIR – To have: Part 2, Pets and description (Page 52)

1. Translate
a. j'**ai**   b. tu **as**   c. **il** a   d. elle **a**   e. n**ous avons**   f. v**ous** avez   g. ils **ont**   h. **elles** ont

2. Translate into English
a. I have a very beautiful horse   b. My brother has a very ugly cat   c. My mother has a very fun dog
d. My cousins have a very fat hamster   e. At home, we have a very noisy duck   f. My friend Paul has a very big turtle
g. My sister Marie has a yellow bird

3. Complete
a. J'**ai** un cochon d'Inde   b. Il **a** deux ans   c. Nous **avons** une tortue. Elle **a** quatre ans
d. Ma sœur **a** un chien   e. Mes oncles **ont** deux chats   f. Ils **ont** trois ans
g. Mon frère et moi **avons** un serpent   h. Vous **avez** des animaux?   i. Quels animaux avez-**vous**?

4. Translate into French
a. J'ai un cochon d'Inde, il a trois ans   b. Nous n'avons pas d'animaux à la maison
c. Mon chien a trois ans, il est très grand   d. J'ai trois frères. Ils sont très méchants
e. Mes cousins ont un canard et un cochon d'Inde   f. Ma tante a les cheveux blonds, bouclés et longs. Elle est très jolie
g. Mon frère et moi avons les cheveux noirs et les yeux verts

Question Skills 1: Age/descriptions/pets (Page 53)

1. Match question and answer
a. Quel âge as-tu? **J'ai quinze ans**
b. Pourquoi tu ne t'entends pas bien avec ta mère? **Car elle est très stricte**
c. Comment sont ses cheveux? **Elle a les cheveux roux**
d. Quel âge ont tes grand-parents? **Ils ont quatre-vingts ans**
e. De quelle couleur sont tes yeux? **Ils sont bleus**
f. Quelle est ta couleur préférée? **C'est le vert**
g. Comment vas-tu? **Ça va bien, merci**
h. Tu as des animaux? **Non, je n'en ai pas**
i. Quel est ton animal préféré? **C'est le chien**
j. Combien d'animaux as-tu? **J'en ai deux. Un chat et un perroquet**
k. Comment est ta personnalité? **Je suis sympa et bavard**
l. Comment es-tu physiquement? **Je suis petit et un peu gros**
m. Tu t'entends bien avec ton père? **Non, parce qu'il est méchant et paresseux**
n. Quelle est la date de ton anniversaire? **C'est le vingt juin**

2. Complete with the missing words
a. D'où es-tu?   b. **Comment** est Marie?   c. **Quel** âge a ton père?   d. Tu t'**entends** bien avec ta mère?
e. Quelle est la date de ton **anniversaire**?   g. **Comment** est ton chien?   h. **Combien** d'animaux as-tu?

3. Translate the following question words into English
a. Which?   b. When?   c. Where?   d. How?   e. Where from?   f. Who?   g. How much/many?   h. why?   i. Which?

4. Complete
a. **Quel** âge as-tu?   b. D'**où** es-**tu**?   c. **Comment** est **ton père**?   d. **Quel** est ton **animal préféré**?
e. **Combien** d'**animaux** as-tu?   f. **Comment** sont **tes cheveux**?   g. **Tu** t'**entends** bien avec **ton père**?

5. Translate into French
a. Comment tu t'appelles?   b. Quel âge as-tu?   c. Comment sont tes cheveux?
d. Quel est ton animal préféré?   e. Tu t'entends bien avec ton père?   f. Pourquoi tu t'entends mal avec ta mère?
g. Combien d'animaux as-tu?   h. D'où viens-tu?

Unit 8 - Saying what jobs people do...

Unit 8. Saying what jobs people do: VOCABULARY BUILDING (Page 56)
1. Complete with the missing word
a. Mon père est **avocat**   b. Ma mère est **coiffeuse**   c. Mon frère travaille comme **mécanicien**
d. Ma grand-mère est **médecin**   e. Ma **grande** sœur travaille comme **ingénieure**
f. Ma tante est **comptable**   g. Mon **oncle** est **fermier**
2. Match up
c'est ennuyeux – it's boring   c'est actif – it's active   c'est difficile – it's difficult   divertissant – entertaining
c'est stimulant – it's stimulating   c'est stressant – it's stressful   c'est facile – it's easy   c'est gratifiant – it's rewarding
c'est intéressant – it's interesting
3. Translate into English
a. My mother is a mechanic   b. He likes his job   c. He works in a garage   d. My brother is an accountant
e. She doesn't like her job   f. My cousin(m) is a hairdresser   g. She loves her job   h. Because it is fun
4. Add the missing letter
a. c'est facile   b. elle aime   c. ingénieur   d. médecin
e. c'est stressant   f. travaille comme   g. Elle est infirmière   h. Mon oncle
5. Anagrams
a. fermier   b. avocat   c. médecin   d. acteur   e. actrice   f. comptable   g. coiffeur   h. infirmière
6. Broken words
a. **M**on **p**ère est **h**omme au **f**oyer   b. Il **a**ime **s**on **t**ravail   c. **M**on **f**rère est **f**ermier
d. Il **t**ravaille à la **c**ampagne   e. Elle **d**éteste **s**on **t**ravail   f. **P**arce que **c**'est **a**ctif
7. Complete with a suitable word
a. Ma mère est **(feminin job)**   b. Il **(opinion)** son travail   c. Il aime cela car c'est **(positive adjective)**
d. Elle travaille dans un **(masc place of work)**   e. Ma **(feminin person)** est coiffeuse   f. Elle n'**aime** pas son travail
g. Parce que c'est très **(any adjectives)**   h. **Ma** tante est médecin   i. Elle aime son **travail**
j. Mon oncle est mécanicien, il travaille dans un **garage**

Unit 8. Saying what jobs people do: READING (Page 57)
1. Find the French for the following in Philippe's text
a. J'ai vingt ans   b. J'ai un chien   c. Mon père travaille comme   d. Un médecin   e. En ville
f. Il aime son travail   g. C'est gratifiant   h. Parfois   i. Il adore son travail   j. Dur et difficile
2. Answer the questions on ALL texts
a. Mariana's cousin   b. Camille   c. Sam   d. Philippe   e. Sébastien   f. Camille
3. Answer the following questions about Samuel's text
a. Nice   b. His mother   c. Engineer but she doesn't work   d. He is very mean
e. It is difficult, boring and he hates kids
4. Fill in the table below
Mariana: 13/ Biscarosse/ araignée/ mygale
Christophe: 30/ Berlin/ professeur/ intéressant et gratifiant

Unit 8. Saying what jobs people do: TRANSLATION (Page 58)
1. Faulty translation: spot and correct [IN THE ENGLISH] any translation mistakes you find below
a. My father works as **an actor** and he **likes it** because it is **moving**. He works in a **theatre**.
b. My aunt works as a business woman in an **office**. She **likes** it but it's hard.
c. My **friend** Frank works as a nurse. He **works** in a hospital and likes **it**.
d. My uncle Jean-François is a **cook** in an Italian **restaurant** and he **loves** it.

e. My mother Angèle is an **accountant** and **she** works in an office. She **hates** her work because it is boring and repetitive.

2. Translate into English

a. My uncle work as   b. My father doesn't work   c. House husband   d. Nurse   e. Hairdresser
f. Mechanic   g. She loves her job   h. He works in an office   i. She works in a theatre
j. He works in a garage   k. It's rewarding   l. It's hard but fun   m. He works as a lawyer

3. Phrase-level translation (English to French)

a. Mon grand frère   b. Travaille comme   c. Un fermier   d. Il aime
e. Son travail   f. Parce que c'est actif   g. Et amusant

4. Sentence-level translation (English to French)

a. Mon frère est mécanicien
b. Mon père est homme d'affaires
c. Mon oncle est fermier et il déteste son travail
d. Mon frère Darren travaille dans un restaurant
e. Chez moi j'ai un serpent qui s'appelle Serpentine
f. Chez moi j'ai un chien sympa et un chat méchant
g. Ma tante est infirmière. Elle aime son travail
h. Parce ce que c'est gratifiant
i. Ma tante travaille dans un hôpital

Unit 8. Saying what jobs people do: WRITING (Page 59)

1. Split sentences

Mon frère a **un canard noir**   Ma tante est **professeure**   Mon cousin travaille **comme avocat**
Il aime **son travail**   Car c'est **stimulant**   Elle travaille **dans un restaurant**

2. Rewrite the sentences in the correct order

a. Elle aime beaucoup son travail
b. Elle travaille comme comptable dans un bureau
c. Il est homme au foyer et il aime ça
d. Mon oncle travaille comme fermier
e. Mon frère travaille dans un théâtre
f. Mon grand-père déteste son travail
g. Mon ami est médecin et travaille dans un hôpital

3. Spot and correct the grammar and spelling [note: in several cases a word is missing]

a. Ma mère est **femme** au foyer
b. C'est **un** travail difficile et ennuyeux
c. Ma sœur travaille comme **coiffeuse**
d. Elle déteste son travail car c'est **dur** et répétitif
e. Elle travaille dans **un** hôpital en ville
f. Elle aime beaucoup son travail car c'est **facile**
g. Mon **père** déteste son travail
h. Il aime son travail car c'est **gratifiant**

4. Anagrams

a. Médecin   b. Gratifiant   c. Répétitif   d. Il aime   e. Ferme   f. Restaurant   g. Professeur

5. Guided writing: write 3 short paragraphs describing the people below using the details in the box [in first person]

a. Mon père s'appelle Georges, il est mécanicien. Il adore son travail parce que c'est actif et intéressant.
b. Mon frère s'appelle Lucien, il est avocat. Il déteste son travail parce que c'est ennuyeux et répétitif.
c. Ma tante s'appelle Martine, elle est fermière. Elle aime son travail parce que c'est dur, mais amusant.

6. Describe this person in French in the 3rd person:

Elle s'appelle Madeleine, elle a les cheveux blonds et les yeux verts. Elle est grande et mince. Elle est travailleuse. Elle travaille comme infirmière et elle aime beaucoup son travail parce que c'est intéressant et gratifiant.

Grammar Time 4: The present indicative of "Travailler" and other ER verbs (Page 60)

1. Match up

Elle travaille – She works   **Je travaille** – I work   **Ils travaillent** – They work   **Vous travaillez** – You guys work
Nous travaillons – We work   **Tu travailles** – You work

2. Translate into English

a. I work from time to time
b. My parents work a lot
c. My brother and myself do not work
d. She never works
e. You work as a firefighter?
f. You (guys) work in a shop?

3. Complete with the correct option

a. Mon frère **travaille** comme coiffeur
b. Mes parents ne **travaillent** pas

c. Mon frère et moi ne **travaillons** pas
d. Ma petite amie **travaille** comme hôtesse de l'air
e. Mes grands-parents ne **travaillent** plus
f. **Travaillez**-vous comme policier?
g. Pourquoi tu ne **travailles** pas?
h. Je ne **travaille** pas encore

4. Cross out the wrong option
a. Mes parents travaillent   b. Mon frère travaille   c. Mon père travaille   d. Mes oncles travaillent
e. Mes tantes travaillent   f. Toi et moi travaillons   g. Nous travaillons   h. Vous travaillez
i. Mes cousins travaillent   j. Elle et moi travaillons

5. Complete the verbs
a. Mon frère et moi ne travaill**ons** pas   b. Mes parents ne travaill**ent** pas   c. Mon père travaill**e** comme avocat
d. Mes frères ne travaill**ent** pas   e. Tu ne travaill**es** jamais!   f. Ma mère travaill**e** à la maison
g. Mes oncles travaill**ent** comme cuisiniers h. Ma petite amie travaill**e** dans une boutique i. Vous ne travaill**ez** jamais!

6. Complete with the correct form of TRAVAILLER
a. Mes parents **travaillent** comme ouvriers   b. Ma mère **travaille** comme professeure
c. Mes parents **travaillent** comme comptables   d. Mon père **travaille** comme journaliste
e. Mon frère ne **travaille** pas   f. Mes sœurs ne **travaillent** pas non plus
g. Mon oncle **travaille** comme pompier   h. Mes cousins et moi ne **travaillons** pas
i. Je **travaille** dans un restaurant   j. Ma petite amie **travaille** dans une boutique
k. Où **travailles**-tu?

Verbs like TRAVAILLER
1. Complete the sentences using the correct form of the verbs in the grey box on the left
a. J'adore mes grands-parents   b. Elles mang**ent** des céréales   c. Elle aime skier   d. Tu parles français?
e. Où dînes-tu?   f. Vous jou**ez** de la guitare?   g. J'écoute du rock   h. Je n'étudie jamais

Grammar Time 5: ÊTRE Part 2 Present of "Être" and jobs (Page 63) Drills
1. Match
Je suis – I am   **Nous sommes** – We are   **Elles sont** – They are (fem)
Tu es – You are   **Il est** – He is   **Vous êtes** – You guys are

2. Complete with the missing forms of ÊTRE
a. Ma mère et moi **sommes** médecins   b. Mes frères **sont** ouvriers   c. Ma sœur **est** infirmière
d. Mes parents et moi **sommes** jardiniers   e. Tu **es** avocat?   f. Je **suis** pompier
g. Ils ne **sont** pas policiers   h. Vous **êtes** mannequins?   i. Vous **êtes** acteurs, c'est vrai?
j. Mes oncles **sont** des chanteurs connus

3. Translate into English
a. We are hairdressers   b. They are policemen   c. Are you a firefighter?   d. Marie is a model
e. They are workers on a building site   f. I am a policeman   g. Are you nurses?   h. We are doctors
i. My father and I are actors   j. Are you teachers?

4. Translate into French (easier)
a. Mon père est médecin   b. Mes parents sont policiers   c. Mon oncle est avocat   d. Je suis professeur
e. Mes cousins sont mécaniciens   f. Ma tante est chanteuse   g. Mon ami Valentin est acteur

5. Translate into French (harder)
a. Mon frère est grand et beau. Il est acteur.   b. Ma grande sœur est très intelligente et travailleuse. Elle est scientifique.
c. Mon petit frère est très sportif et actif. Il est fermier.   d. Ma mère est très forte et travailleuse. Elle est médecin.
e. Mon père est très patient, calme et organisé. Il est comptable.

Unit 9 - Comparing people's appearance and personality
Revision Quickie 2

Unit 9. Comparing people: VOCABULARY BUILDING (Page 66)
1. Complete with the missing word
a. Mon père est plus grand **que** mon frère aîné   b. Ma mère est **moins** bavarde que ma **tante**
c. Mon **grand-père** est plus petit que **mon** père d. Mes cousins sont **plus** paresseux que **nous**
e. Mon chien **est** plus **bruyant** que mon **chat**   f. Ma tante est **moins** belle que **ma** mère
g. Mon **frère** est plus **travailleur** que moi   h. Mon frère cadet est **aussi** grand **que** moi
i. Mes parents **sont** plus **affectueux** que mes oncles

2. Translate into English
a. My cousins   b. More   c. My uncle   d. My grandparents   e. My sister   f. My best friend
g. Hard-working   h. My friend (Fem)   i. Tall   j. Old   k. Stubborn   l. Lazy

3. Match French and English
travailleur – hard-working   **beau** – good-looking   **aimable** – likeable   **fort** – strong
sportif – sporty   **vieux** – old   **bête** – stupid

4. Spot and correct any English translation mistakes
a. He is taller than **me**   b. He is as good-looking as **us**   c. He is **more relaxed** than me
d. **We are less** fat than him   e. They are **less** short than us   f. **I am** as old as him   g. **He is** sportier than me

5. Complete with a suitable word
a. Ma mère est **moins/plus** grande **que** moi   b. **Mon** père **est** plus jeune que mon oncle
c. Mes parents sont **plus/moins** grands **que** mes grands-parents   d. **Mes** frères **sont** plus sportifs que mes cousins
e. Mon **animal (M)** est moins bruyant **que** mon canard   f. Mes grands-parents **sont** aussi aimables **que** mes parents
g. Ma petite amie est **plus** belle qu'**une** tortue

6. Match the opposites
beau – **moche**   travailleur – **paresseux**   jeune – **vieux**   grand – **petit**
amusant – **ennuyeux**   faible – **fort**   plus – **moins**   mince – **gros**

Unit 9. Comparing people: READING (Page 67)
1. Find the French for the following in Georges' text
a. j'habite à   b. mes parents   c. beau   d. travailleur   e. moins têtue   f. plus patiente
g. mais   h. mon canard   i. deux animaux   j. très aimables   k. aussi têtu que   l. fort   m. tous deux

2. Complete the statements below based on Vinciane's text
a. I am **20** years old   b. Marina is more **pretty** than Véronique   c. Véronique is more **friendly**
d. My parents are very **warm** and **likeable**   e. I am as **playful** as my father   f. We have **two** pets

3. Correct any of the statements below [about Erwan's text] which are incorrect
a. Erwan a **deux** animaux   b. Ronan est moins gros que Périg
c. Ronan est plus faible que Périg   d. Erwan est aussi bavard que son **perroquet**   e. Erwan préfère **son père**

4. Answer the questions on the three texts above
a. Carnac   b. His mother   c. Erwan   d. Georges   e. Georges   f. Vinciane   g. Erwan   h. Ronan
i. Ronan is slimer and sportier but Périg is taller and stronger

Unit 9. Comparing people: TRANSLATION/WRITING (Page 68)

1. Translate into English
a. tall   b. thin   c. small   d. fat   e. intelligent   f. stubborn   g. stupid
h. good-looking   i. ugly   j. more…than   k. less…than   l. strong   m. weak   n. as…as

2. Gapped sentences
a. Ma **mère** est **plus** grande **que** ma tante
b. **Mon** père **est** plus **fort** que mon frère aîné
c. Mes **cousins** sont moins **sportifs** que nous
d. **Mon** frère est **plus** bête que **moi**
e. Ma mère **est aussi** aimable **que** mon **père**
f. Ma sœur **est plus** travailleuse que **nous**
g. Ma **petite amie** est moins **sérieuse que** moi
h. Mon **grand-père** est **plus** têtu **que** ma grand-mère

3. Phrase-level translation [En to Fr]
a. Ma mère est   b. Plus grand que   c. Aussi mince que   d. Moins têtu que   e. Je suis plus petit que
f. Mes parents sont   g. Mes cousins sont   h. Aussi gros/grosse que   i. Ils sont aussi fort que
j. Mes grands-parents sont   k. Je suis aussi paresseux/paresseuse que

4. Sentence-level translation [En to Fr]
a. Ma sœur aînée est plus grande que ma sœur cadette
b. Mon père est aussi têtu que ma mère
c. Ma petite amie est plus travailleuse que moi
d. Je suis moins intelligent que mon frère
e. Mon meilleur ami est plus fort et plus sportif que moi
f. Mon petit copain est plus beau que moi
g. Mes cousins sont plus moches que nous
h. Mon canard est plus bruyant que mon chien
i. Mon chat est plus marrant que ma tortue
j. Mon lapin est moins gros que mon cochon d'Inde
k. Je suis plus grand(e) que toi

Revision Quickie 2: Family, Pets and Jobs (Page 69)

1. Match
ouvrier – worker   **avocat** – lawyer   **infirmier** – nurse   **serveur** – waiter   **journaliste** – journalist   **médecin** – doctor
hôtesse de l'air – air hostess   **pompier** – firefighter   **informaticien** – IT worker

2. Sort the words listed below in the categories in the table
Description: grand, amusant, petit, bleu, gros, beau, châtain   **Animaux:** lapin, canard, chat
Travail: ouvrier, plombier, professeur, infirmier   **Famille:** cousin, oncle, père, mère, frère

3. Complete with the missing adjectives
a. Mon père est **gros**   b. Ma mère est **grande**   c. Mon frère est **petit**
d. Ma petite amie est **belle**   e. Mon cousin est **embêtant**   f. Mon prof d'anglais est **ennuyeux**

4. Complete with the missing nouns
a. Mon père travaille comme **avocat**   b. Ma mère est **infirmière**   c. Mon meilleur ami est **journaliste**
d. Ma sœur est **hôtesse de l'air**   e. Mon cousin est **étudiant**   f. Moi je travaille comme **médecin**
g. Martine est **vendeuse**   h. Ma grand-mère est **chanteuse**

5. Match the opposites
grand – **petit**   beau – **moche**   gros – **mince**   paresseux – **travailleur**   intelligent – **stupide**
bruyant – **silencieux**   mauvais – **bon**   patient – **impatient**

6. Complete the numbers below
a. Quato**rze**   b. Quara**nte**   c. Soixa**nte**   d. Cinqu**ante**   e. Soixante-**dix**   f. Quatre-vingt-**dix**

7. Complete with the correct verb
a. Ma mère **est** grande   b. **J'ai** les cheveux noirs   c. **Je travaille** comme plombier   d. Mon père **a** quarante ans
e. Combien de personnes **il y a** dans ta famille?   f. Mes frères **sont** grands   g. Ma sœur ne **travaille** pas
h. Ma **petite amie s'appelle** Mariana

Unit 10 - Saying what's in my school bag
Grammar Times 6&7: Avoir & Agreements

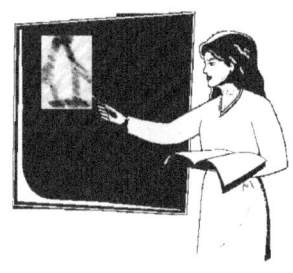

Unit 10. Saying what's in my school bag: VOCABULARY BUILDING (Page 72)
1. Complete with the missing word
a. Dans mon sac, j'ai un **cahier**   b. J'ai besoin d'une **gomme**   c. Je n'ai pas **de** stylo   d. Mon ami **a** un livre   e. J'ai **une** calculatrice   f. J'ai besoin d'une **chaise**   g. Je n'ai pas de **règle**   h. Mon ami n'a pas de **ciseaux**

2. Match up
une gomme – an eraser   un crayon – a pencil   un agenda – a planner   une chaise – a chair   j'ai un – I have a...
j'ai besoin – I need   je n'ai pas de – I don't have a   un taille-crayon – a sharpener   un stylo – a pen

3. Translate into English
a. I have an eraser   b. My friend has a planner   c. I don't have an exercise book   d. I have a green pencil
e. I don't have a sharpener   f. I need a felt tip   g. There is a computer   h. I don't have a felt tip pen

4. Add the missing letter
a. Un taille-crayon   b. Une **g**omme   c. J'ai b**e**soin   d. Je n'ai pas d**e**
e. Un **a**genda   f. Mon am**i**   g. Il n'**a** pas de   g. Un tableau

5. Anagrams
a. Crayon   b. Trousse   c. Orange   d. Blanc   e. Ciseaux   f. Sac   g. Agenda   h. Vert

6. Broken words
a. Dans m**on** sac j'**ai** une **t**rousse   b. Dans ma **t**rousse j'ai des **c**rayons   c. Je n'**ai** pas de **g**omme
d. J'ai b**e**soin d'une règle   e. Il **y** a u**n** **t**ableau **b**lanc   f. J'ai **d**es **s**tylos **b**leus

7. Complete with a suitable word
a. J'ai un **(masculine noun)**   b. J'ai **besoin** d'un crayon   c. J'aime la couleur **(feminine colour)**
d. **J'ai/il y a** un ordinateur   e. Un tableau **blanc**   f. Une **(feminine noun)** rouge
g. Mon **ami(e)** a une trousse   h. **J'ai** une règle   i. Mon ami n'**a** pas de feutre
j. Un stylo **(masculine colour)**   k. Il y a un **(masculine noun)** blanc

Unit 10. Saying what's in my school bag: READING (Page 73)
1. Find the French for the following in Renée's text
a. J'ai douze ans   b. Je vis à Rome   c. Il y a quatre personnes   d. Un chat blanc   e. Un crayon rouge
f. Un crayon jaune   g. Dans sa trousse   h. Seulement une chose   i. Chez elle   j. Un cheval gris

2. Find Someone Who – which person...
a. Andréa   b. Andréa   c. Émilien   d. Lucas   e. Lucie   f. Émilien

3. Answer the following questions about Lucas' text
a. Cádiz Spain   b. his brother   c. 20   d. pretty   e. nothing   f. a white mouse   g. very pretty

4. Fill in the table below
Renée: 12, Rome, red pen, yellow pencil, pink ruler and white eraser
Andréa: 15, Paris, blue pencil, yellow felt tip, new ruler and an eraser

Je m'**appelle** Léo. J'ai huit **ans** et je **vis** à Étretat, en France. Dans ma famille **il y a** quatre personnes. Dans ma **classe** il y a beaucoup de choses, comme **un** ordinateur et un **tableau** **blanc**. Dans ma **trousse**, j'ai une r**è**gle, un crayon **b**leu et une **gomme**. Mon ami a beaucoup de **c**hoses, mais il n'a pas de **g**omme.

Unit 10. Saying what's in my school bag: TRANSLATION (Page 74)

1. Faulty translation: spot and correct [IN THE ENGLISH] any translation mistakes you find below
a. In my class there ~~is a~~ **are two** whiteboards and a computer. I **don't** like my teacher.
b. I **don't** have many things in my pencil case. I have a ~~red~~ **pink** pencil but I don't have ~~an eraser~~ **a ruler**.
c. My friend Émilien has ~~five~~ **four** people in his family. He needs a black ~~pen~~ **felt tip pen** and a diary.
d. I need ~~paper~~ **a sharpener** and a ~~rubber~~ **gluestick**. I don't have a ruler or a pen. I ~~hate~~ **love** my teacher!
e. In my class there are thirty **tables** ~~cats~~ and thirty chairs. I need a ~~calculator~~ **diary** but I **do** have a dictionary.

2. Translate into English
a. I need an eraser   b. I have a black pen   c. I have a blue pencil   d. A green ruler   e. I have a dog at home
f. My friend has a book   g. My father works as   h. I like my teacher   i. Some yellow pencils
j. A big whiteboard   k. I have a lot of things   l. I don't have a pencil sharpener   m. I need a dictionary

3. Phrase-level translation [En to Fr]
a. Un livre rouge   b. Une calculatrice noire   c. Je n'ai pas   d. J'ai besoin de
e. J'aime   f. Il y a   g. J'ai   h. Mon ami a

4. Sentence-level translation [En to Fr]
a. Il y a vingt tables   b. Il y a un tableau blanc   c. Mon professeur est sympa   d. J'ai des stylos bleus
e. J'ai des crayons orange   f. J'ai besoin d'une gomme et d'un taille-crayon   g. J'ai besoin d'une chaise et d'un livre
h. Ma classe est très grande et jolie   i. Mon père est professeur

Unit 10. Saying what's in my school bag: WRITING (Page 75)

1. Split sentences
J'ai une **calculatrice**   J'ai besoin **d'un crayon**   Ma classe **est grande**   Il y a trente **tables**
Mon ami n'a pas de **stylo à plume**   Je n'aime **pas mon oncle**   J'ai **un stylo rouge**

2. Rewrite the sentences in the correct order
a. J'ai besoin d'une calculatrice   b. J'ai une règle rouge et un crayon noir   c. Ma classe est très grande
d. Mon ami a un livre blanc   e. Je n'ai pas d'agenda bleu   f. Chez moi j'ai une tortue verte
g. Mon père est médecin et il travaille dans un hôpital

3. Spot and correct the grammar and spelling [note: in several cases a word is missing]
a. Dans ma classe il y a vingt **tables**   b. J'ai **une** calculatrice noire   c. Dans ma trousse j'**ai** beaucoup **de** choses
d. Mon ami n'**a** rien dans sa **trousse**   e. J'**ai** besoin d'un crayon **gris** et d'**une** gomme
f. Mon ami Fernand a **des** crayons de toutes les couleurs   g. Ma **mère** est **mécanicienne** et travaille dans un garage.
h. Je suis grand et fort. J'ai les cheveux **blonds** et les yeux **bleus**

4. Anagrams
a. trousse   b. livre   c. crayon   d. gomme   e. feutre   f. taille-crayon   g. professeur

5. Guided writing: write 4 short paragraphs describing the pets below using the details in the box [I]
Nathalie: J'habite à Paris. J'ai un cahier mais je n'ai pas de stylo. J'ai besoin d'un agenda.
Irène: Je vis à Bordeaux. J'ai une règle mais je n'ai pas de crayon. J'ai besoin de papier.
Juliette: Je vis à Valence. J'ai un feutre mais je n'ai pas de taille-crayon. J'ai besoin d'un tube de colle.

6. Describe this person in French:
Il s'appelle Denis. Il a un cheval noir. Il a les cheveux bruns et les yeux bleus. Il a un stylo, un crayon, une règle, et une gomme. Il n'a pas de taille-crayon, de papier et de chaise. Sa couleur préférée c'est le bleu.

Grammar Time 6: AVOIR (Part 3) + AGREEMENTS
Present indicative of "Avoir" + Agreements: Verb drills (1) (Page 78)

1. Match up

j'ai – I have   nous avons – we have   tu as – you have   il/elle a – he/she has   vous avez – you guys have
ils ont – they have

2. Complete with the missing word (pets and family members)

a. Je **n'ai pas** d'animaux   b. **Nous avons** un chat gris   c. **Ils/Elles ont** deux tortues
d. **As-tu/Tu as** des frères ou des sœurs?   e. **Avez-vous/Vous avez** des animaux?   f. Mon frère **a** un cochon d'Inde
g. Mon cousin n'**a pas** d'animaux   h. Mes cousins n'**ont pas** d'animaux

3. Complete with the present indicative form of "avoir"

J'**ai**   Tu **as**   Il, elle, on **a**   Nous **avons**   Vous **avez**   Ils/elles **ont**

4. Add in the correct ending

a. Mon oncle n'**a** pas d'animaux   b. Mes oncles **ont** deux chiens   c. Maintenant j'**ai** cours d'histoire
d. À midi, nous **avons** géographie   e. Mon frère **a** dix ans   f. Mes parents **ont** quarante ans
g. Mon père **a** les cheveux blancs   f. Mes sœurs **ont** les cheveux roux

5. Complete with the missing form of "avoir"

a. Mon (masculine noun) a quarante ans   b. Ma mère **a** trente-deux ans
c. Mes parents **ont** les yeux bleus, mais moi j'**ai** les yeux noirs   d. Mon oncle n'a pas d'**animaux**
e. Tu **as** des frères et des sœurs?   f. Vous **avez** de très beaux cheveux
g. Je **n'ai pas** d'animaux. Mais mon (masculine noun) a un cochon d'Inde

6. Translate into French

a. Mon père a les yeux bleus   b. Je n'ai pas d'animaux   c. Je n'ai pas de stylo   d. Dans ma trousse j'ai une règle
e. As-tu des feutres?   f. J'ai un chien à la maison   g. Ma mère a quarante ans   h. Mon père a trente huit ans
i. Avez-vous histoire aujourd'hui?   j. Quel âge as-tu?

Present indicative of "Avoir" + Agreements: Verb drills (2) (Page 79)

7. Translate the pronoun and verb into French as shown in the example

I have **j'ai**   you have **tu as**   she has **elle a**   he has **il a**   we have **nous avons**
you guys have **vous avez**   they(f) have **elles ont**   they(m) have **ils ont**

8. Translate into French. Topic: Pets and colours

a. Nous avons un perroquet bleu   b. J'ai deux tortues vertes   c. Mon frère a un cochon d'Inde blanc
d. Mes oncles ont un cheval noir   e. Ma sœur a une araignée rouge et noire   f. Nous n'avons pas d'animaux à la maison
g. Tu as des animaux à la maison?

9. Translate into French. Topic: family members

a. Je n'ai pas de frères   b. Nous avons deux grands-parents   c. Ma mère n'a pas de sœurs
d. Tu as des frères et sœurs?   e. Avez-vous des cousins?   f. Il n'a pas d'animaux

10. Translate into French. Topic: Age

a. Ils ont quinze ans   b. Nous avons quatorze ans   c. J'ai seize ans
d. Vous avez douze ans   e. Quel âge as-tu?   f. Ma mère a quarante ans

11. Translate into French. Topic: Hair and eyes

a. J'ai les cheveux noirs   b. Nous avons les yeux bleus   c. Elle a les cheveux frisés
d. Ma mère a les cheveux blonds   e. Tu as les yeux gris?   f. Ils/Elles ont les yeux verts
g. Mon frère a les yeux marron   h. Nous n'avons pas de cheveux   i. Vous avez de beaux yeux
j. Mes parents ont les cheveux roux   k. Tu n'as pas de cheveux   l. Ma sœur a les cheveux très longs

Grammar Time 7: Agreements (Part 1) (Page 80)

1. Complete the table

yellow – **jaune**   pink – rose   **grey** – gris   green – **vert**   red – **rouge**   purple – violet   black – **noir**   white – blanc   blue – **bleu**

2. Translate into English

a. a yellow pencil   b. a black pencil case   c. some pink exercise books   d. some red marker pens   e. a blue fountain pen   f. two blue pens   g. an orange bag   h. a grey sharpener   i. a red fountain pen   j. a yellow and red bag

3. Provide the feminine version of each adjective in the table

jaune – **jaune**   vert – **verte**   bleu – **bleue**   rouge – **rouge**   blanc – **blanche**   noir – **noire**   orange – **orange**

4. Complete with the missing adjective

a. J'ai un sac **rouge**   b. J'ai un stylo **noir**   c. J'ai un stylo à plume **bleu**   d. J'ai une règle **jaune**
e. J'ai une feuille **blanche**   f. J'ai des ciseaux **verts**   g. J'ai des feutres **bleus**   h. J'ai un sac **noir**

5. Translate into French

a. Un stylo à plume rouge   b. Une règle noire   c. Un sac vert   d. Une trousse jaune
e. Deux règles vertes   f. Deux ciseaux bleus   g. Deux cahiers roses

6. Translate into French

a. J'ai un stylo rouge et un stylo à plume bleu   b. Philippe a un sac vert   c. Tu as une trousse blanche?
d. Avez-vous des feutres rouges?   e. J'ai une feuille de papier rose   f. Nous avons un sac jaune
g. Il a une règle noire et blanche

Unit 11 - (Part 1/2)
Talking about food: Likes/dislikes and why
Grammar Time 8: Manger / Boire

Unit 11. Talking about food (Part 1): VOCABULARY BUILDING (Part 1) (Page 83)
1. Match up
les bananes – bananas   les fraises – strawberries   la viande – meat   le poulet – chicken   l'eau – water   le lait – milk
les œufs – eggs   les crevettes – prawns   les hamburgers – burgers   les fruits – fruit   les pommes – apples

2. Complete
a. J'aime beaucoup le **poulet**   b. J'adore les **crevettes**   c. J'aime les **fraises**   d. J'adore le **lait**
e. J'adore les **bananes**   f. Je préfère l'**eau** minérale   g. Je n'aime pas les **tomates**   h. Je déteste le **poulet**
i. J'adore les **fruits**   j. Je n'aime pas les **œufs**   k. Je préfère les **légumes**

3. Translate into English
a. I like fruit   b. I hate eggs   c. I love roast chicken   d. I like burgers
e. I hate meat   f. I prefer oranges   g. I don't like tomatoes   h. I hate milk

4. Complete the words
a. le fro**mage**   b. les ba**nanes**   c. les fr**aises**   d. les lég**umes**
e. les hamb**urgers**   f. les cr**evettes**   g. le pois**son**   h. le **riz**

5. Turn the negative opinions into positive ones and vice versa
a. *J'adore les pâtes*   b. *J'aime les légumes*   c. Je déteste les fruits   d. J'aime le lait
e. Je n'aime pas le poisson   f. J'adore le pain   g. J'adore le chocolat   h. Je déteste les fraises
i. J'aime le café

6. Translate into French
a. J'aime les œufs   b. J'adore les oranges   c. Je déteste les tomates   d. Je n'aime pas les crevettes
e. J'adore les fruits   f. Je n'aime pas les légumes   g. Je déteste le lait

Unit 11. Talking about food (Part 1): VOCABULARY BUILDING (Part 2) (Page 84)
1. Complete with the missing words. The initial letter of each word is given
a. Ces bananes sont d**égoûtantes**   b. Ces pommes sont d**élicieuses**   c. Ce poulet est très é**picé**
d. Je n'aime pas la v**iande**   e. Ce café est très s**ucré**   f. Les hamburgers sont m**alsains**
g. Les légumes sont s**ains**   h. Ce jus de fruits est r**afraîchissant**   i. Ces fraises sont j**uteuses**

2. Complete the table
le lait – **milk**   le poulet rôti – roast chicken   le poisson – **fish**   les œufs – **eggs**   le miel – honey   le pain – **bread**
les céréales – **cereals**   le pain grillé – **toast**   les crevettes – prawns   les légumes – vegetables   l'eau – **water**

3. Broken words
a. Je n'aim**e** pas les œufs   b. J'adore les pommes   c. Je déteste les hamburgers   d. J'aime beaucoup le chocolat
e. Le café c'est savoureux   f. Le poisson c'est sain   g. Le curry indien c'est très épicé   h. L'eau, c'est rafraîchissant

4. Complete each sentence in a way which is logical and grammatically correct (Please note that the following answers are only there for guidance and in many cases more than one option is possible)
a. Les **viandes** ne sont pas saines   b. Les bananes sont **(feminine adjective)**   c. Je n'**aime** pas le lait
d. J'**adore** le poulet rôti   e. J'**aime** le poisson car c'est délicieux   f. **Je n'aime pas** la viande rouge car c'est malsain
g. **J'adore** les légumes car c'est sain et délicieux   h. Je **déteste** le fromage car c'est dégoûtant

Unit 11. Talking about food (Part 1): READING (Page 85)

1. Find the French for the following in Robert's text
a. J'adore les fruits de mer   b. J'aime beaucoup les crevettes   c. Ils sont délicieux   d. Le poisson aussi
e. Saumon   f. J'aime assez   g. De plus   h. Surtout   i. Ils ne sont pas savoureux

2. Violette, Fernand or Robert? Write V, F or R next to each statement below
a. R   b. F   c. V   d. R   e. R   f. F   g. V   h. F

3. Complete the following sentences based on Alexandre's text
a. Alexandre loves **vegetables**   b. He eats them **every day**   c. His favourite vegetables are **spinach, carrots** and **aubergines**
d. He also likes **fruit** because it is **healthy** and **delicious**   e. He hates **meat** and **fish**

4. Fill in the table below about Xavier
Loves – meat   **Likes a lot** – burgers, fruit   **Doesn't like** – vegetables, fries/chips   **Hates** – tomatoes, carrots, eggs

Unit 11. Talking about food (Part 1): TRANSLATION (Page 86)

1. Faulty translation: spot and correct [IN THE ENGLISH] any translation mistakes you find below
a. I ~~hate~~ **love** prawns   b. I ~~like~~ **hate** ~~meat~~ chicken   c. I ~~don't~~ like honey   d. I love ~~apples~~ **oranges**   e. Eggs are ~~tasty~~ **disgusting**   f. Bananas are rich in ~~protein~~ **vitamins**   g. Fish is **very** ~~un~~healthy   h. I prefer ~~tap~~ **mineral** water   i. I ~~love~~ **hate** vegetables   j. I love rice ~~pudding~~   k. I ~~quite~~ **don't** like fruit   l. Fried squid is ~~salty~~ **delicious**

2. Translate into English
a. Prawns are delicious   b. Fish is tasty   c. Chicken is rich in protein   d. I love rice
e. Red meat is unhealthy   f. Some fried squids   g. Eggs are disgusting   h. I prefer sparkling water
i. I love prawns   j. I don't like vegetables   k. I like carrots   l. This coffee is very sweet
m. A disgusting apple   n. Some oranges rich in vitamins

3. Phrase-level translation [En to Fr]
a. Poulet épicé   b. Ce café   c. J'aime assez   d. Très sucré   e. Une pomme dégoûtante   f. Des oranges délicieuses
g. Je n'aime pas   h. J'adore   i. Poisson savoureux   h. Eau minérale   i. Viande rôtie

4. Sentence-level translation [En to Fr]
a. J'aime beaucoup le poulet épicé   b. J'aime les oranges parce qu'elles sont saines
c. La viande est délicieuse mais malsaine   d. Ce café est très sucré   e. Les œufs sont dégoûtants
f. J'adore les oranges. Elles sont délicieuses et riches en vitamines
g. J'adore le poisson. C'est délicieux et riche en protéines   h. Les légumes sont dégoûtants
i. Je préfère les bananes   j. Ce thé est sucré   k. J'adore l'eau gazeuse

Unit 11. Talking about food (Part 1): WRITING (Page 87)

1. Split sentences
J'aime le poulet **rôti**   Je déteste les légumes car **ils sont dégoûtants**   Je préfère la **viande**
Ce **café est sucré**   J'aime assez les **fruits**   Les frites sont **délicieuses mais malsaines**   J'adore **les bananes**

2. Rewrite the sentences in the correct order
a. J'adore le poulet rôti   b. Je déteste les légumes   c. Ce café est sucré
d. Les frites sont malsaines   e. Je préfère l'eau minérale   f. Les légumes sont dégoûtants
g. J'aime beaucoup les oranges parce qu'elles sont délicieuses

3. Spot and correct the grammar and spelling
a. J'aime les **oranges**   b. Je n'aime **pas** les légumes   c. Les œufs **sont** dégoûtants
d. J'adore ce **café**   e. Je **préfère** les carottes   f. Je déteste **la** viande

4. Anagrams
a. Dégoûtant   b. Légumes   c. Viande   d. Poisson   e. Sain   f. Sucré   g. Lait

5. Guided writing: write 4 short paragraphs describing the pets below using details in the box [I]

Nathan: J'adore le chorizo parce que c'est épicé. J'aime assez le lait parce que c'est sain, mais je n'aime pas la viande rouge. Je déteste les œufs parce que c'est dégoûtant.

Irène: J'adore le poulet parce que c'est sain. J'aime assez les oranges parce que c'est sucré, mais je n'aime pas le poisson. Je déteste la viande parce que c'est malsain.

Juliette: J'adore le miel parce que c'est sucré. J'aime assez le poisson parce que c'est savoureux, mais je n'aime pas les fruits. Je déteste les légumes parce que c'est ennuyeux.

6. Write a paragraph on Raphaël in French [using the third person singular]
Il s'appelle Raphaël, il a dix-huit ans. Il est grand, beau, sportif et sympa. Il est étudiant. Il adore le poulet et il aime les légumes. Par contre, il n'aime pas la viande rouge et il déteste le poisson.

Grammar Time 8: MANGER/BOIRE - Talking about food (Part 1) (Page 89)

1. Match
je mange – I eat **tu manges** – you eat **elle mange** – she eats **nous mangeons** – we eat
vous mangez – you guys eat **ils mangent** – they eat

2. Translate into English
a. I eat pasta. b. I often eat rice c. I never eat meat d. He eats a lot of fish e. We drink water f. They never eat chicken
g. She drinks pear juice   h. Do you eat chicken?   i. What do you eat?   j. I often drink fruit juice

3. Spot and correct the mistakes
a. Mon père **mange** des pâtes   b. Mon frère et moi ne **mangeons** pas de fruits
c. Ma mère ne **mange** jamais de chocolat   d. Mes frères **boivent** beaucoup de jus de fruits
e. Je ne **bois** jamais de café   f. Ma sœur **mange** de la viande tous les jours
g. Vous **mangez** de la viande de cheval?   h. Que buvez-**vous**?

4. Complete
a. Mon père **mange** beaucoup de fruits   b. Je ne **bois** jamais de jus de kiwi   c. Tu **manges** du poulet?
d. Ma mère et moi **mangeons** beaucoup de pâtes   e. Mes parents **boivent** beaucoup d'eau
f. Ma sœur **boit** beaucoup de chocolat chaud   g. Ma petite amie ne **boit** jamais de vin

5. Translate into French
a. Je mange des pâtes   b. Nous buvons du jus d'orange   c. Que manges-tu?   d. Que buvez-vous?
e. Nous mangeons beaucoup de viande   f. Ils ne mangent pas beaucoup de poisson
g. Elle ne mange jamais de légumes   h. Nous buvons beaucoup d'eau minérale

6. Translate into French
a. Je ne mange jamais de viande rouge. Je n'aime pas ça parce que c'est malsain.
b. Je mange rarement des saucisses. Je n'aime pas ça parce qu'elles sont grasses.
c. Je bois souvent du jus de fruits. J'adore ça parce que c'est délicieux et sain.
d. Je mange de la pizza tous les jours. J'adore ça parce que c'est très savoureux.
e. Je mange rarement des légumes. Ils sont sains, mais je ne les aime pas parce qu'ils sont dégoûtants.
f. Je ne bois jamais de thé ou de café parce que je ne les aime pas.

Unit 12 - (Part 2/2)
Talking about food: Likes/dislikes and why
Grammar Times 9&10: Agreements (food)
Question Skills 2

Unit 12. Talking about food – Likes/Dislikes (Part 2): VOCABULARY (Page 92)
1. Match
l'eau – water   le poisson – fish   le riz – rice   le sandwich – sandwich   le poulet rôti – roast chicken
la viande – meat   les calamars – squid   les crevettes – prawns   le miel – honey   le fromage – cheese
les saucisses – sausages   les fraises – strawberries   les légumes – vegetables   les fruits – fruit

2. Complete with the missing words
a. J'aime les **fruits de mer**
b. J'adore la **salade**
c. J'aime beaucoup les **légumes**
d. J'aime les **pommes**
e. Ce **poulet** est délicieux
f. Cette **viande** est très juteuse
g. J'aime beaucoup les **bananes**
h. J'adore le **miel**
i. Je n'aime pas le **poisson**

3. Complete with the missing letters
a. L'**eau**   b. La **vi**ande   c. Les f**r**uits   d. Le **citron**   e. La g**l**ace   f. La **pomme** de terre   g. Les f**r**uits de **mer**
h. La f**r**aise   i. Fait **maison**   j. Le **poisson**   k. **Juteux**   l. Le **riz**   m. La **pomme**   n. Le melon
o. La ce**r**ise   p. B**on**   q. Le p**ain**   r. É**picé**

4. Match
dur – hard   frit – fried   juteux – juicy   savoureux – tasty   sain – healthy   bon – good   délicieux – delicious
gras – greasy   dégoûtant – disgusting   sucré – sweet   amer – bitter

5. Sort the items below in the appropriate category
Fruits: pommes, fraises, bananes, pêches
Légumes: épinards, carottes
Adjectifs: délicieux, sucré, riche, juteux, bon, gras, malsain, dégoûtant, amer, sain, salé
Poisson et viande: crevettes, viande, thon, saumon, poulet
Produits laitiers: lait, fromage

Unit 12. Talking about food – Likes/Dislikes (Part 2): READING (Part 1) (Page 93)
1. Find the French for the words below in Fernand's text
a. œuf   b. thé   c. sucré   d. sucre   e. midi   f. poulet   g. rôti   h. après
i. tasse   j. miel   k. légumes   l. sain   m. délicieux   n. dîner   o. riz   p. savoureux   q. gâteaux

2. Complete the following sentences based on Fernand's text
a. In general, at breakfast I only eat an **egg** and drink a cup of **tea**.
b. I like **green** tea with a lot of **sugar**.
c. At **midday**, for lunch I eat **roast chicken** with **vegetables** and drink **mineral water**.
d. I eat a lot of vegetables because they are **healthy** and delicious.
e. As a snack I have two **toast** with **honey** and drink a **cup** of tea.
f. At dinner, I usually eat **rice**, seafood or **fish** with **vegetables** and for dessert, one or two **cakes**.

3. Find the French for the following in Robert's text
a. je ne mange pas beaucoup au petit déjeuner
b. à midi je mange
c. poulet
d. comme dessert
e. un ou deux gâteaux
f. j'aimerais manger
g. une tasse de thé
h. après l'école
i. riz, fruits de mer ou poisson

j. tartines avec de la confiture k. les hamburgers ne sont pas sains l. très sucré
m. une pomme ou une banane

Unit 12. Talking about food – Likes/Dislikes (Part 2): READING (Part 2) (Page 94)
4. Who says this, Robert or Fernand? Or both?
a. Robert b. Fernand c. Robert d. Both e. Fernand f. Robert g. Robert h. Robert i. Both j. Fernand k. Robert l. Fernand
5. Answer the following questions on Eugène's text
a. a lot b. banana, eggs, toasts, ham c. sweet d. mineral water or fruit juice
e. chicken or vegetables f. bitter and rich in vitamins g. strawberry jam and butter h. not healthy
6. Find in Eugène's text the following:
a. gâteau b. asperge c. jus de fruits d. jambon e. banane f. beurre
g. délicieux h. tasse i. manger j. fraise k. sucré l. dîner

Unit 12. Talking about food – Likes/Dislikes (Part 2): WRITING (Page 95)
1. Split sentences
Je mange toujours du poulet **rôti**   Je mange des céréales **avec du lait**   Je prends une tartine avec du **beurre**
J'aime la salade **verte**   La viande rouge est **délicieuse, mais malsaine**   Le curry, c'est **très épicé**
La banane est mon **fruit préféré**   Je bois du thé **ou du café**

2. Complete with the correct option
a. J'aime les **fruits de mer**, surtout le crabe.

b. En général, **je prends** du riz avec du poulet.

c. Normalement **je mange** des céréales, dans la cuisine.

d. Je prends toujours du **poulet** rôti avec mon frère pour le déjeuner.

e. Pour le dîner, je mange du poisson et une salade **verte**.

f. Normalement, je prends un sandwich au **fromage**.

g. J'aime beaucoup le **miel** car c'est très sucré.

h. Le café est **amer**, mais j'adore ça.

i. Je n'**aime** pas le lait, c'est dégoûtant!

3. Spot and correct the grammar and spelling mistakes [note: in several cases a word is missing]
a. En général, je **mange** un hamburger avec des **frites**.   b. Je bois de l'eau ou du jus **de** fruits.
c. La viande rouge n'est pas **saine**, mais j'adore ça.   d. J'adore le jus d'**orange**.
e. Après le collège, je prends deux **tartines** avec **du** miel.   f. Je bois **une** tasse de thé avec du lait.
g. J'adore le miel car c'est délicieux et riche en **vitamines**.   h. Pour le dîner je **mange** du riz avec du poisson et des légumes.
i. J'aime les légumes car ils sont **sains**.   j. Mon poisson favori **c'est** le saumon. C'est **délicieux**!

4. Complete the words
a. Déjeuner b. Dîner c. Petit-déjeuner d. Épicé e. Amer f. Sucré g. Sain

5. Guided writing: write 3 short paragraphs in the first person [I] using the details below
Éloi: Pour le déjeuner, je mange du poulet et du riz dans la cuisine avec mon frère et après je vais à la plage.
Cédric: Pour le déjeuner, je mange un hamburger dans la salle à manger avec ma sœur et après je lis un livre.
Juliette: Pour le déjeuner, je mange une salade dans le jardin avec ma mère et après j'écoute de la musique.

6. Sentence level translation (English – French)
a. J'adore le jus de fruits parce que c'est sucré et rafraîchissant.

b. Je n'aime pas le saumon parce que c'est dégoûtant.

c. Au dîner, je mange un sandwich au fromage.

d. Je bois toujours du lait avec du miel. J'aime ça parce que c'est sucré.

e. J'aime le poisson mais le poulet n'est pas très savoureux.

Grammar Time 9: ER Verbs (Part 2)
MANGER, DÉJEUNER, DÎNER + PRENDRE (RE verbs) (Page 96)

1. Complete with the missing forms of 'manger'

a. Je ne **mange** pas beaucoup. Je bois juste un café.   b. Ma mère **mange** seulement un fruit.

c. Mes parents **mangent** seulement une tartine.   d. Ma sœur **mange** des céréales avec du lait.

e. Mon frère et moi **mangeons** deux tartines.   f. Que **manges**-tu?   g. Et vous, que **mangez**-vous?

2. Spot and correct the errors with the verbs 'manger, 'déjeuner' and 'dîner'

a. Je ne **mange** pas d'épinards.   b. Ma mère **dîne** souvent au restaurant.   c. Mon frère et moi ne **dînons** pas.

d. Mon père **déjeune** à la maison.   e. Mon ami Paul ne **mange** jamais au petit-déjeuner.

f. Ma petite amie et moi **mangeons** tous les jours à la cantine du collège.

g. Ma petite amie ne **mange** jamais de viande pour le dîner.

3. Translate into English

a. My mother never eats for breakfast   b. My sister never eats meat

c. Sometimes I have lunch in the canteen   d. Generally we eat eggs for dinner

e. What do you normally eat for lunch?   f. I only eat one or two toasts in the morning

g. For breakfast my brothers eat cereal with milk

4. Translate into French

a. Pour le dîner, je **mange**   b. Pour le déjeuner nous **mangeons**   c. Pour le petit-déjeuner, elle **mange**

d. Ils **dînent**   e. Elle **déjeune**   f. Pour le dîner, nous **mangeons**

g. Tu d**éjeunes** en ville   h. Je **dîne** à la maison

5. Translate into French

a. Pour le petit-déjeuner je mange deux œufs et une saucisse. Aussi, je bois un café avec du lait.

b. Mon ami Paul ne mange pas beaucoup pour le déjeuner. Seulement du poulet avec du riz.

c. Pour le dîner, nous mangeons beaucoup. Nous prenons du steak ou du poisson avec des pommes de terre.

d. À midi, je bois une tasse de café à la cantine avec ma petite amie.

e. Ma petite amie ne mange jamais de viande rouge. Elle mange seulement du poisson ou du poulet.

f. Mes parents mangent beaucoup pour le déjeuner. Cependant, mon frère et moi mangeons seulement une salade.

g. Mes sœurs ne mangent pas beaucoup pour le dîner. Généralement, elles mangent de la soupe ou des légumes.

Grammar Time 10: AGREEMENTS (Part 2) (Food) (Page 99)
1. Choose the correct option as shown in the example
a. Le poisson est **sain**   b. Ce pain est **délicieux**   c. Cette viande est **dure**   d. Le lait est **dégoûtant**
e. Le porc est **gras**   f. Cette pomme est **bonne**   g. Cette fraise est **sucrée**   h. Les fruits de mer sont **sains**

2. Write the opposite version of the adjectives below
dégoûtant – dégoûtante   délicieux – **délicieuse**   **gras** – grasse   sucré – **sucrée**
épicé – **épicée**   sain – saine   bons – **bonnes**   épicés – **épicées**

3. Translate into English
a. These prawns are disgusting   b. These strawberries are delicious   c. This seafood is very tasty   d. This apple is hard
e. This fish is very good   f. This chicken is too spicy

4. Tick off the correct sentences and correct the incorrect ones
Wrong sentences: c. Ce poulet est trop **salé**   e. Les fruits de mer sont très **sains**

5. Complete
a. Ce poisson est dégoût**ant**   b. Les pommes sont sain**es**   c. La viande rouge est mals**aine**
d. Les gâteaux sont trop sucr**és**   e. Ces fruits de mer sont très bon**s**   f. Ces fraises sont délic**ieuses**
g. Ces bananes sont savour**euses**   h. Ces crevettes sont dégoût**antes**

6. Translate into French
a. Ce poisson est dégoûtant   b. Ces crevettes sont délicieuses   c. Ce café est trop sucré   d. Ces saucisses sont trop grasses
e. Ces légumes sont très savoureux   f. Les oranges sont très saines   g. Ce poulet est très bon

Question Skills 2: Jobs/School bag/Food (Page 100)
1. Translate into English
a. Where do you eat at midday?   b. What is your mother's job?   c. What do you have in your bag?
d. What is your favourite food?   e. What is your favourite drink?   f. Do you eat a lot of meat?
g. Do you like apple juice?   h. Why don't you eat vegetables?   i. Do you often eat dessert?
j. What is your favourite job?   k. How is your sister?   l. Who do you generally eat breakfast with?

2. Match the answers below to the questions in activity 1
A. E   B. K   C. J   D. G   E. H   F. D   G. F/I   H. F/I   I. C   J. B   K. A   L. 1

3. Provide the questions to the following answers
a. Tu manges de la viande?   b. Tu manges des légumes?   c. Quel est ton travail?
d. Tu aimes les fruits?   e. Tu fais du sport?   f. Tu manges des fruits de mer?
g. Tu manges des fruits?   h. D'où viens-tu?   i. Tu as des animaux?
j. Quelle est ta boisson préférée?   k. Quel est le travail de ton père?   l. Qu'est-ce qu'il y a dans ta trousse?

4. Complete
a. Qu'**est**-ce **que** tu **as d**ans **ton** sac?   b. Qu'**est**-ce **que** tu **fais** comme travail?   c. Tu **manges** souvent des desserts?
d. Qu'**est**-ce **que** tu **manges** pour le dîner?   e. **Quelle** est ta boisson préférée?   f. **Pourquoi** tu n'**aimes** pas la viande?
g. Où m**anges**-tu à midi?   h. **Quelle** est ta viande préférée?

Unit 13 - Talking about clothes

Grammar Time 11: -ER Verbs / Porter (Part 2)
Revision Quickie 3: Jobs, food, clothes, numbers 20-100

Unit 13. Talking about clothes: VOCABULARY BUILDING (Page 103)
1. Match up
des boucles d'oreilles – earrings   un tee-shirt – a t-shirt   une robe – a dress   des chaussures de sport – trainers
un pantalon – trousers   un costume – a suit   une casquette – a baseball cap

2. Translate into English
a. I wear a black T-shirt   b. I wear a grey suit   c. I don't wear trainers   d. I wear a blue cap
e. I don't wear a watch   f. My mother never wears earrings   g. My father wears a tracksuit and trainers
h. He never wears suits   i. I always wear sandals   j. She never wears hats

3. Complete with the missing word
a. Chez moi, je **porte** un **tee-shirt**   b. Au collège, je porte un **uniforme noir**
c. Au gymnase, je **porte** un survêtement **rose**   d. À la plage, **je** porte un **maillot de bain**
e. **En** boîte, je porte une **robe** noire et des **chaussures à talons** hauts blanches
f. Je **porte** rarement des chaussures **de sport**   g. Je ne porte **jamais** de costumes

4. Anagrams [clothes and accessories]
a. des bottes   b. une montre   c. un costume   d. un chapeau   e. des chaussures   f. une chemise
g. jean   h. ceinture   i. short   j. robe   k. pull   l. manteau

5. Associations – match each body part below with the words in the box, as shown in the examples
a. casquette/chapeau   b. chaussures/bottes/chaussettes   c. pantalon/jupe
d. écharpe/collier/cravate   e. veste/chemise/gilet/tee-shirt   f. boucles d'oreilles   g. montre

6. Complete
a. Je porte des bo**ttes**   b. **Chez** moi   c. J'ai une **montre**
d. Je porte une **cravate** rouge   e. Je porte un **costume** bleu   f. Mon frère porte un **gilet**   g. Elle a une **jupe**

Unit 13. Talking about clothes: READING (Page 104)
1. Find the French for the following in Charlotte's text
a. Je suis française   b. Sportive   c. Beaucoup de vêtements   d. Vêtements de qualité   e. Survêtement
f. Quand je sors   g. Avec mon petit ami   h. Boucles d'oreilles   i. Une robe rouge ou noire   j. Chaussures à talons hauts

2. Find the French for the following in Michel's text
a. Quand je vais   b. Je porte un tee-shirt   c. Tee-shirt et jean   d. À la maison   e. Tee-shirt sans manches
f. Avec mes amis   g. Une veste   h. Pantalon gris   i. Chaussures de sport   j. En général

3. Complete the following statements about Renaud's text
a. He is **13** years old   b. He loves buying **clothes, especially shoes**   c. He has many branded **shoes**
d. When it's cold he wears a **coat and some trousers**   e. Sometimes he wears a **sports jacket**

4. Answer in French the questions below about Léa
a. 12   b. Pretty clothes   c. At Zara   d. A sports jacket and some trousers   e. A skirt and a top

5. Find someone who
a. Renaud   b. Léa   c. Michel   d. Charlotte   e. Charlotte   f. Michel   g. Michel   h. Michel

Unit 13. Talking about clothes: WRITING (Page 105)

1. Split sentences

Chez moi je porte un survêtement
Au gymnase je porte un tee-shirt et un short)
Je ne porte jamais de jeans Levi's
Je porte un pantalon noir
Quand il fait froid, je porte une écharpe
Quand il fait chaud, je porte un tee-shirt sans manches
Quand je vais en boîte, je porte des chaussures à talons hauts
Je porte une chemise blanche

2. Complete with the correct option

a. **Quand** je sors avec mon **petit ami**, je porte de jolis vêtements confortables
b. Au collège **je porte** un uniforme bleu
c. Au gymnase, je porte des **chaussures** de sport
d. À la plage, je porte un **maillot de bain**
e. Quand **il fait** chaud, je porte un **tee-shirt** sans manches
f. Chez moi, je porte **un** survêtement
g. Quand il fait froid, je porte un **manteau**
h. Je ne porte **jamais** de bottes

3. Spot and correct the grammar and spelling mistakes [note: in several cases a word is missing]

a. Quand je sors **avec** mes parents, je porte une robe élégante
b. Chez moi, je porte **un** survêtement
c. J'ai **beaucoup de** chaussures
d. **Mon** frère porte toujours des **jeans**
e. Au collège, **je porte** un uniforme
f. Je **préfère** les vêtements de marque
g. Quand je vais **au** centre commercial, en général, je porte une veste de sport
h. Je porte toujours **des** chaussures **de** sport

4. Complete the words

a. Jupe b. Costume c. Montre d. Pantalon e. Chaussures f. Écharpe g. Survêtement h. Pantoufles

5. Guided writing: write 3 short paragraphs in the first person [I] using the details below

Anne: J'habite à Sarlat. Je porte toujours des robes noires mais jamais de pantalons. Je déteste les boucles d'oreilles.
Georges: J'habite à Quimper. Je porte toujours des tee-shirts blancs mais jamais de manteaux. Je déteste les montres.
Jules: J'habite à Douarnenez. Je porte toujours des jeans mais jamais de shorts. Je déteste les écharpes.

6. Describe this person in French using the 3rd person

Il s'appelle Jean et il habite à Toulouse. Il a vingt ans et il a une araignée noire. Il a les cheveux blonds et les yeux verts. Il porte toujours des costumes, mais il ne porte jamais de jeans. Au gymnase, il porte un survêtement Adidas.

Grammar Time 11: ER Verbs (Part 3) PORTER + AVOIR + AGREEMENTS (Page 106-107)

DRILLS

1. Complete with the missing verb endings

a. Je ne porte jamais de jupes
b. Que port**es**-tu comme vêtements?
c. Mon frère port**e** souvent un chapeau
d. Mes parents **ont** des vêtements de marque
e. Mon prof porte des vêtements moches
f. Vous av**ez** beaucoup de jolis vêtements
g. Au collège, nous port**ons** un uniforme
h. J'**ai** beaucoup de jeans
i. Que port**ez**-vous en général?
j. Ma mère et moi av**ons** beaucoup de vêtements
k. Elle ne port**e** jamais de robes élégantes
l. Quand il fait froid, je port**e** une écharpe

2. Complete with the missing verbs

a. Ma mère **a** beaucoup de vêtements de marque
b. Mes frères **portent** aussi des tee-shirts
c. D'habitude, ma sœur **porte** des jeans
d. Mes professeurs **portent** toujours des costumes
e. Ma petite amie **a** beaucoup de boucles d'oreilles
f. Mon ami Paul et moi **avons** beaucoup de tee-shirts noirs
g. Mes parents **portent** souvent des vêtements de sport
h. Mes cousins n'**ont** pas beaucoup de vêtements

3. Complete with the correct form of 'porter'

a. Je porte une chemise
b. Ma mère porte une robe élégante

c. Mes parents ne port**ent** pas de vestes de sport
d. Mes frères port**ent** des jeans et des pulls
e. Mon frère et moi port**ons** des shorts en été
f. Ma sœur ne porte jamais de jupes
g. Que port**es**-tu à la plage?
h. Nous ne port**ons** jamais de casquettes
i. Au gymnase je port**e** un survêtement

4. Complete with the correct form of 'avoir'
a. Je n'**ai** pas beaucoup de vêtements
b. Nous n'**avons** pas de vêtements de marque
c. Mon frère **a** beaucoup de tee-shirts noirs
d. Mon ami Paul n'**a** pas assez de vêtements de sport
e. Mes frères **ont** beaucoup de cravates
f. Ma mère **a** beaucoup de robes élégantes
g. J'**ai** un pull orange que j'adore
h. Tu **as** une jolie jupe aujourd'hui

5. Translate into English
a. I never wear tee shirts
b. She always wears jeans
c. We don't have elegant dresses
d. They have a lot of shoes
e. He has a lot of branded shoes
f. They always wear trainers
g. What do you wear at school?
h. At the gym, she wears a tracksuit
i. Do you have any Adidas caps?

6. Translate into French
a. Avez-vous des casquettes de baseball?
b. Nous avons beaucoup de chaussures
c. Je n'ai pas de robe élégante
d. Mon père a plusieurs costumes et cravates
e. Ma mère ne porte jamais de jeans
f. Je ne porte jamais de chaussures de sport
g. Quels vêtements portes-tu généralement
h. Ils ne portent jamais d'uniformes
i. Au gymnase, je porte un survêtement

Revision Quickie 3: Jobs, food, clothes and numbers 20-100 (Page 108)

1. Complete (numbers)
a. cent   b. quatre-vingt-dix   c. trente   d. cinquante   e. quatre-vingts   f. soixante   g. quarante

2. Translate into English (food and clothes)
a. tracksuit   b. fruit juice   c. chicken   d. skirt   e. pork   f. water   g. meat
h. seafood   i. fish   j. scarf   k. shoes   l. vegetables   m. tomato juice   n. lunch

3. Write in a word each letter in the categories below as shown in the example
C: chapeau, carotte, cent, comptable
T: tee-shirt, thé, trente, technicien
V: veste, viande, vingt, vétérinaire
M: manteau, mangue, mille, médecin
A: anorak, abricot, (no numbers) artisan

4. Match
je porte – I wear   **j'ai** – I have   **je suis** – I am   **goûter** – afternoon snack   **je mange** – I eat   **je bois** – I drink   **petit-déjeuner** – breakfast   **je travaille** – I work   **je dîne** – I dine   **je vis** – I live   **il y a** – there is   **je m'appelle** – my name is

5. Translate into English
a. I never wear skirts
b. For snack I eat toast with honey
c. I work as a lawyer
d. I often drink coffee
e. I don't drink fizzy drinks
f. I always eat eggs for breakfast
g. My mother is a businesswoman
h. I don't have many branded clothes
i. I don't eat much for dinner, only a salad

Unit 14 - Saying what I and others do in our free time
Grammar Time 12: Faire, Jouer, Aller

Unit 14. Free time: VOCABULARY BUILDING – Part 1 [Weather] (Page 111)
1. Match up
Je joue aux échecs – I play chess   Je fais du footing – I go jogging
Je fais de l'équitation – I go horse-riding   Je joue aux cartes – I play cards
Je fais du vélo – I go biking   Je fais de la natation – I go swimming
Je fais de la randonnée – I go hiking   Je joue au basket – I play basketball

2. Complete with the missing word
a. Je joue aux **échecs**   b. **Je fais** de l'équitation   c. **Je joue** aux cartes
d. Je fais du **vélo**   e. Je joue au **basket**   f. Je vais à la **pêche**
g. Je fais de la **randonnée**   h. Je fais de l'**escalade**   i. Je fais du **footing**
j. Je ne fais pas mes **devoirs**

3. Translate into English
a. I cycle every day   b. I often go hiking   c. I do rock climbing twice a month
d. I never do horse riding e. When the weather is bad, I play cards or chess   f. I often play basketball
g. I rarely go jogging   h. I often go to my friend's house   i. I go to the beach every day
j. I go fishing once a week

4. Broken words
a. Je fais de l'éq**uitation**   b. Je fais de la na**tation**   c. Je vais à la pê**che**   d. Je fais du vé**lo**   e. Je joue aux é**checs**
f. Je vais en boî**te**   g. Je joue aux ca**rtes**   h. Je fais de l'esc**alade**

5. 'Je joue' ou 'Je fais'?
a. **Je joue** au basket   b. **Je fais** du vélo   c. **Je joue** aux échecs
d. **Je joue** aux cartes   e. **Je fais** de la natation   f. **Je fais** du footing

6. Bad translation – spot any translation errors and fix them
a. I **never** go clubbing   b. I often play **cards**   c. I rarely go **rock climbing**   d. When the weather is nice I go **jogging**
e. I go cycling **once a week** f. I **never** play chess.   g. I go hiking **once a month**   h. I **often** go swimming

Unit 14. Free time: READING (Page 112)
1. Find the French for the following in Thomas' text
a. Je fais beaucoup de sport   b. Mon sport préféré   c. Escalade   d. Tous les jours   e. Quand il fait mauvais
f. Je joue aux échecs.   g. Aussi   h. Je joue à la Playstation

2. Find the French in Ronan's text for
a. J'adore faire du vélo   b. Avec mes amis   c. Parfois
d. Je fais de la natation   e. Je vais en boîte   f. Je fais de l'escalade   g. Avec mon ami, Julien

3. Complete the following statements about Verónica
a. She is from **Barbastro**   b. She is not very **sporty**   c. She plays videogames or **chess**
d. When the weather is nice she goes **to the park**   e. She also plays tennis with her **brother**

4. List 7 details about Jennifer (Please find a few examples, more options possible)
1 English   2 likes to read a lot   3 likes to play chess and cards   4 Not very sporty
5 Sometimes goes to the gym   6 When the weather is nice she goes hiking   7 She has a dog called Doug

5. Find someone who…
a. Jennifer   b. Ronan   c. Thomas   d. Jennifer   e. Ronan

Unit 14. Free time: TRANSLATION (Page 113)

1. Gapped translation
a. I **never** go clubbing   b. I often play **basketball**   c. I **never** play tennis   d. Je joue aux **échecs**   e. Je joue aux **cartes**
f. **Sometimes,** I go cycling   g. I never do **rock climbing**   h. Quand il fait **beau** je fais du footing

2. Translate to English
a. Never   b. Sometimes   c. When the weather is bad   d. At my friend's place   e. Rarely
f. Every day   g. I go hiking   h. I go clubbing   i. I go fishing

3. Translate into English
a. I never go fishing with my father   b. I play cards with my brother   c. I go hiking with my mother
d. I play chess with my best friend   e. I never play on the Playstation with my friends   f. I go clubbing every Saturday

4. Translate into French
a. Vélo   b. Escalade   c. Basket   d. Pêche   e. Devoir   f. Jeux vidéo   g. Échecs   h. Cartes   i. Randonnée   j. Footing

5. Translate into French
a. Je fais du footing   b. Je joue aux échecs   c. Je fais de l'escalade   d. Je fais de la natation   e. Je fais de l'équitation
f. Je fais mes devoirs   g. Je vais en boîte   h. Je joue aux jeux-vidéos   i. Je fais du vélo   j. Je fais de la randonnée

Unit 14. Free time: WRITING (Page 114)

1. Split sentences
Je ne fais **jamais d'escalade**   Je joue souvent **aux échecs**   Je vais chez **mon ami Paul**
Je fais du footing au **parc**   Je joue aux **cartes**   Je fais beaucoup **de sport**
Je fais du vélo   Je fais mes devoirs **chez moi**

2. Complete the sentences
a. Je ne **fais** jamais de footing   b. Parfois, je **joue** aux échecs   c. Je **fais** de l'escalade de temps en temps
d. Je **fais** souvent de l'équitation   e. Je joue au tennis **tous les** jours   f. Je vais **chez** mon ami
g. Pendant mon **temps** libre   h. Je **fais** mes devoirs à la maison   i. Je **vais** à la campagne avec ma famille

3. Spot and correct mistakes [note: in some cases a word is missing]
a. Je joue au **tennis**   b. Je joue **aux échecs**   c. Je vais chez **mon** ami   d. Je **ne** fais jamais **de** vélo
e. Je **fais** mes devoirs   f. Je **vais** à la campagne   g. Je **fais** des randonnées

4. Complete the words
a. Échecs   b. Basket   c. Randonnée   d. Jeux-vidéo   e. Équitation   f. Jamais   g. Souvent   h. Rarement

5. Write a paragraph for each of the people below in the first person singular (I):
Jeanne: Je fais de la randonnée tous les jours avec mon petit ami à la campagne, c'est amusant.
Dylan: Je joue souvent au tennis avec mon ami James à la maison, c'est sain.
Alexandre: Je fais du footing quand il fait beau tout seul dans le parc, c'est relaxant.

Grammar Time 12: Jouer, Faire and Aller (Part 1) (Page 116-117)

1. Match
je fais – I do **tu fais** – you do **il fait** – he does **elle fait** – she does
nous faisons – we do **vous faites** – you guys do **ils font** – they do

2. Complete with the correct ending
a. Je ne fai**s** jamais mes devoirs b. Mon père jou**e** souvent au foot c. Quel sport fai**s**-tu?
d. Nous ne jou**ons** jamais au tennis e. Que fai**tes**-vous aujourd'hui? f. Mes frères jou**ent** souvent à la Playstation
g. Je ne joue jamais aux jeux vidéo h. Mon frère aîné fai**t** des arts martiaux i. Mes sœurs ne jou**ent** pas aux échecs
j. Ma mère et moi jou**ons** aux cartes ensemble k. Je fai**s** du vélo tous les jours

3. Write the correct form of JOUER (to play)
a. I play – **je joue** b. you play – **tu joues** c. she plays – **elle joue** d. we play – **nous jouons**
e. you guys play – **vous jouez** f. they play – **elles jouent** g. my brothers play – **ils jouent**
h. you and I play – **nous jouons** i. he and I play – **nous jouons**

4. Complete with the first person of FAIRE, ALLER and JOUER: *je fais, je vais, je joue*
a. Je ne **joue** jamais au basket b. Je **fais** du sport tous les jours c. Je **joue** au volley une fois par semaine
d. Je **joue** rarement aux cartes e. Je ne **fais** jamais de vélo f. Je **joue** à la Playstation de temps en temps
g. Je **vais** très rarement à la pêche h. Je **fais** souvent de l'escalade i. Je **vais** au stade avec mon père

5. Spot and correct the translation errors
a. I go fishing b. You go to church c. We go to the shopping mall
d. I never go to Marine's house e. They go to the cinema once a week

6. Complete the forms of ALLER below
a. Je **vais** à la pêche b. Ils **vont** à l'église c. Nous **allons** à la plage d. Ils **vont** à la piscine e. Où **vas**-tu?

7. Complete with *fait, joue* or *va* as appropriate
a. Ma mère ne **fait** jamais de sport b. Mon père **va** rarement à l'église
c. Mon frère **va** à la mosquée tous les vendredis d. Ma grand-mère ne **joue** jamais aux cartes avec moi
e. Mon frère aîné **fait** des arts martiaux f. Mon ami Paul **joue** souvent à la Playstation
g. Mon petit frère **fait** souvent du vélo h. Mon grand-père **va** à la plage tous les jours

8. Complete with *font, jouent* or *vont* as appropriate
a. Mes parents ne **jouent** jamais au basket b. Mes frères ne **font** pas de sport
c. Mes sœurs ne **jouent** jamais au foot d. Ma mère et mon père **jouent** souvent aux cartes
e. Mes cousins **font** des arts martiaux tous les week-ends f. Elles **vont** souvent à la pêche
g. Mes oncles **vont** à l'église très rarement h. Mes amis ne **font** jamais de l'escalade avec moi
i. Ils **font** du vélo? j. Mes amies, Léa et Laura **jouent** aux échecs
k. Elles **vont** souvent à la piscine

9. Translate into English
a. I never play football b. She always does her homework c. We go to church every Sunday
d. They don't often go to the swimming pool e. When the weather is nice, they go to the parc
f. He never plays chess g. When the weather is bad, I go to the gym

10. Translate into French
a. Nous n'allons jamais à la piscine b. Ils font rarement du sport c. Elle joue au basket tous les jours
d. Quand il fait beau, je fais du footing e. Je fais rarement du vélo f. Je fais souvent de l'escalade
g. Mon père et moi jouons souvent au badminton h. Ma sœur joue au tennis deux fois par semaine
i. Je vais à la piscine tous les samedis j. Quand il fait mauvais je vais au gymnase
k. Ils font rarement leurs devoirs l. Nous ne jouons jamais aux échecs

Unit 15 - Talking about weather and free time
Grammar Time 13: Jouer / Faire / Aller
Revision Quickie 4: Clothes / Free time / Weather

Unit 15. Talking about weather and free time VOCABULARY BUILDING 1 (Page 120)
1. Match up
quand – when   **il fait froid** – it's cold   **il fait chaud** – it's hot   **il fait beau** – it's good weather
il fait mauvais – it's bad weather   **le ciel est dégagé** – the sky is clear   **il pleut** – it's raining

2. Translate into English
a. When it's cold   b. When it rains   c. The sky is clear   d. When it's hot   e. When it snows   f. When the weather is nice
g. When it's foggy   h. I play tennis   i. I do skiing   j. When the weather is bad

3. Complete with the missing word
a. Quand il fait **mauvais**   b. Quand il **pleut** et il fait **froid**   c. Quand **il y a** du soleil et il fait **chaud**
d. Quand il y a de l'orage, je **reste** chez moi   e. Quand il fait **beau**, je vais au parc
f. Quand il **neige**, je fais du ski à la montagne   g. Quand il fait **mauvais**, mon ami reste chez lui
h. J'aime quand il y a du **soleil**

4. Anagrams [weather]
a. froid   b. chaud   c. neige   d. pluie   e. dégagé   f. mauvais   g. soleil   h. vent   i. brouillard   j. nuages   k. orage   l. beau

5. Associations: match each weather word below with the clothes/activities in the box
1. **Mauvais temps:** orage, vent, pluie – je reste chez moi, je ne fais rien, je regarde la télé, pyjama
2. **Beau temps:** soleil et chaud – la plage, je porte un short, je porte un chapeau, maillot de bain
3. **Neige et froid:** bottes de neige, je fais du ski, la montagne, écharpe

6. Complete
a. Il fait **beau**   b. Je reste **chez** moi   c. Quand il **pleut**   d. J'**aime** quand il y a du soleil
e. Je **vais** à la plage   f. Quand il y a de l'**orage**   g. Quand le **ciel** est dégagé   h. Quand il y a des **nuages**

Unit 15. Talking about weather and free time VOCABULARY BUILDING 2 (Page 121)
1. Match up
Je joue au tennis – I play tennis   **Je joue aux cartes** – I play cards   **Je fais du footing** – I do jogging
Je vais au parc – I go to the park   **Il va à la pêche** – He goes fishing   **Dans sa chambre** – In his bedroom
Je reste chez moi – I stay at home   **la natation** – swimming

2. Complete with the missing word
a. Je reste dans **ma** chambre   b. Mon ami **va** à la plage   c. Je vais **chez** mon **ami**
d. Parfois, je vais au **centre sportif**   e. Pendant la **semaine** je fais toujours mes devoirs
f. J'aime les **week-ends** car je joue avec mes amis   g. Mon amie Léa **va** toujours chez son **amie**
h. Je fais toujours de la **randonnée**

3. Translate into English
a. My friend's house   b. I do horse riding   c. It's a clear sky   d. I do rock climbing
e. She does jogging   f. He goes to the sports centre   g. I go to the swimming pool   h. I do sport

4. Anagrams [activities]
a. footing   b. natation   c. randonnée   d. équitation   e. basket   f. foot
g. cartes   h. échecs   i. centre commercial   j. boîte   k. pêche   l. sport

5. Broken words
a. Je **joue** au **foot** avec mes **amis**
b. Ma **tante Marie** joue aux **cartes**
c. Je **vais chez** mon **ami**
d. **Jean va** au **centre sportif**
e. Je **fais** de l'**équitation** avec mon **cheval**
f. **Mon ami reste chez** moi

6. Complete
a. Je fais mes **devoirs**
b. Il **reste** à la maison
c. Il fait de la **natation**
d. Je vais **au** gymnase
e. **je vais** à la piscine
f. Je reste à la **maison**

Unit 15. Talking about weather and free time: READING (Page 122)

1. Find the French for the following in Pierre's text
a. Je suis de b. J'ai onze ans c. J'aime d. Quand e. Il y a du soleil
f. Je vais souvent au parc g. Avec mon chien h. Petit et noir i. Un maillot de bain j. La plage

2. Find the French for the following in Chloé's text
a. Quand il fait chaud b. Le ciel est dégagé c. Je fais de la natation d. Je vais à la pêche e. Un peu ennuyeux
f. Je vais en boîte g. Un haut h. S'appelle i. Reste j. À la maison

3. Complete the following statements about Isabelle's text
a. She is **15** years old
b. She loves buying **clothes**
c. She loves it when there are **storms**
d. When it's stormy she plays **video games** or **cards** with her **older** brother
e. Isabelle does not like **cold** weather
f. Her pet can **speak** Italian

4. Answer in French the questions below about Anna
a. Brazil b. 12 c. Singing d. Cold e. Goes to mall with friends f. Stays at home g. Frozen 2

5. Find someone who
a. Chloé b. Chloé and Pierre c. Anna d. Isabelle e. Isabelle f. Chloé g. Pierre h. Anna i. Chloé's dad

Unit 15. Talking about weather and free time: WRITING (Page 123)

1. Split sentences
J'aime quand **il fait froid**   Je n'aime pas **la pluie**   Quand il fait beau, **je vais au parc**
Quand il fait très froid, je porte **un manteau et une écharpe**   J'adore l'**orage**
Quand il fait mauvais, **je reste chez moi**   Quand il y a du **soleil, je vais à la plage**   Quand il neige, **je fais du ski**

2. Complete with the correct option
a. **Quand** il fait froid, je porte une écharpe. Je **déteste** ça! b. Pendant la **semaine**, je fais mes devoirs
c. Quand **il fait** mauvais, je **reste** à la maison d. Quand il **neige**, je vais à la **montagne** pour faire du ski
e. Quand il fait **chaud**, je vais à la plage f. Quand **le ciel** est dégagé, je fais de la randonnée à la campagne
g. Quand il fait mauvais, mon ami Julien reste **chez** lui

3. Spot and correct the grammar and spelling mistakes [note: in several cases a word is missing]
a. Quand il y a du vent, je vais **au** gymnase avec **mon** ami b. Quand il y a des nuages, mon ami Jean **fait** du vélo
c. J'adore les orages car ils sont **divertissants** d. Quand il fait mauvais, mon ami reste **chez** lui
e. Quand il neige, je ne joue **pas** au basket f. Le week-end, je vais **à la** plage avec mon chien
g. Quand il fait beau, je vais à la campagne et je porte un tee-shirt **blanc**
h. Je **porte** toujours des chaussures de sport quand je **joue** au foot

4. Complete the words
a. Froid b. Chaud c. Nuages d. Quand e. Orages f. Vent

5. Guided writing: write 3 short paragraphs in the first person [I] using the details below
Éloi: Je vis à Grenoble et quand il fait beau, je vais au parc avec mes amis.
Sandrine: J'habite au Mans et quand il fait chaud et qu'il y a du soleil, je vais à la plage avec mon chien.

Juliette: Je vis à Angers et quand il fait froid et qu'il pleut, je reste à la maison avec ma sœur aînée.

6. Describe this person in French using the 3rd person [he]

Il s'appelle Paul et il vit à Mende. Il a treize ans et il a un chien blanc. Quand il y a du soleil et qu'il fait beau, il va toujours à la campagne et fait de la randonnée. Il ne reste jamais à la maison pour faire ses devoirs.

Grammar Time 13: Jouer, Faire, Aller + Être and Avoir (Page 125)

1. Complete with one of the following verbs: J'ai – Je vais – Je suis – Je joue – Je fais

a. **Je fais** du sport   b. **Je vais** au parc   c. **J'ai** un chat   d. **Je joue** au foot   e. **Je joue** aux cartes   f. **J'ai** un chien
g. **J'ai** quinze ans   h. **J'ai** deux animaux   i. **Je vais** au cinéma   j. **Je fais** de l'escalade   k. **Je fais** du vélo
l. **Je joue** aux échecs   m. **Je joue** au basket   n. **J'ai** les yeux noirs   o. **Je suis** grand et fort

2. Rewrite the sentences in the first column in the third person singular

Il/elle joue au tennis   Il/elle va au cinéma   Il/elle a un chat   Elle est grande   Il/elle fait de la natation

3. Translate into English

a. We swim   b. We play chess   c. They don't swim   d. They go to the cinema   e. We have two dogs
f. We are French   g. I don't have any sisters   h. I am not from Paris   i. I am not doing anything

4. Complete

a. Je ne **vais** jamais à la piscine   b. Ma mère ne **va** jamais à l'église   c. Nous **allons** souvent à la plage
d. Mon frère **a** un chat blanc et noir   e. Ils s**ont** anglais, je s**uis** italien   f. Mes parents **ont** les cheveux bruns
g. Mon frère et moi **faisons** des arts martiaux

5. Complete with the appropriate verb

a. Je ne **vais** jamais au cinéma avec mes parents   b. Ma sœur et moi **allons** au parc   c. Ma mère **a** quarante ans
d. Ma cousine **est** très grande et très belle   e. Mes frères **jouent** souvent à la Playstation
f. Il ne **fait** jamais de sport, car il est paresseux

6. Translate into French

a. Je ne joue jamais au tennis avec lui   b. Ma mère ne va jamais à l'église
c. Mon frère est grand et mince. Il a les cheveux blonds et les yeux bleus   d. Mon père a quarante ans
e. Mon frère va au gymnase tous les jours   f. Ils ne vont jamais à la piscine

Revision Quickie 4: Clothes/Free time/Weather (Page 126)

1. Activities – Match
Je fais mes devoirs – I do the homework   **Je fais du sport** – I do sport   **Je joue au basket** – I play basketball
Je joue aux cartes – I play cards   **Je vais à l'église** – I go to church   **Je vais à la piscine** – I go to the swimming pool
Je vais au gymnase – I go to the gym   **Je fais du lèche-vitrines** – I go window shopping
Je fais de la natation – I go swimming   **Je fais de l'équitation** – I go/do horse-riding
Je vais à la plage – I go to the beach   **Je fais de l'escalade** – I go/do rock climbing

2. Weather – Complete
a. Il fait fr**oid**   b. Il fait ch**aud**   c. Il y a du sol**eil**   d. Il n**eige**   e. Il fait b**eau**
f. Il fait mau**vais**   g. Il y a de l'or**age**   h. Il y a du v**ent**   i. Il pl**eut**

3. Fill in the gaps in French
a. Quand il fait f**roid**, je porte un m**anteau**
b. Quand il fait **mauvais**, je **reste** à la maison
c. Quand il y a du s**oleil**, je vais à la p**lage**
d. Quand je **vais** au gymnase, je **p**orte un sur**vêtement**
e. Quand il fait **chaud**, je vais à **la piscine**
f. Le week-end, je **f**ais m**es d**evoirs
g. Quand j'ai le t**emps**, je f**ais** de l'**escalade**

4. Translate into French
a. Quand il fait chaud   b. Quand il fait froid   c. Je joue au basket   d. Je fais mes devoirs
e. Je fais de l'escalade   f. Quand j'ai le temps   g. Je vais à la piscine   h. Je vais au gymnase

5. Translate to French
a. Je porte un manteau   **b.** Nous portons un uniforme   **c.** Ils jouent au basket   **d.** Elle fait de l'escalade
e. Il a du temps libre   **f.** Ils vont nager   **g.** Mes parents font du sport   **h.** Elle joue souvent au foot

Question Skills 3: Clothes/Free time/Weather (Page 127)

1. Translate into English
a. What do you wear when it's cold?   b. What's the weather like where you live?   c. What do you do in your free time?
d. Do you do sport?   e. Do you often play basketball?   f. Why don't you like football?
g. Where do you go rock-climbing?   h. What's your favourite sport?

2. Complete with the missing question word:
a. **Où** habites-tu?   b. **Quel** sport fais-tu?   c. **Quel** est ton sport préféré?   d. **Où** fais-tu de la natation?
e. **Où** achètes-tu tes chaussures?   f. **Pourquoi** tu n'aimes pas le volley?   g. Avec **qui** joues-tu au tennis?
h. **Pourquoi** tu aimes l'équitation?   i. **Pourquoi** tu ne joues pas avec moi?

3. Split questions
Que fais-tu **pendant ton temps libre?**   Avec qui **joues-tu aux échecs?**   Pourquoi **tu n'aimes pas le tennis?**
Où fais-tu **de l'escalade?**   Que **fais-tu quand il fait froid?**   Quel est **ton sport préféré?**
Tu as beaucoup **de vêtements?**   Que portes-tu **quand il fait chaud**?

4. Translate into French
a. Quoi?   b. Où?   c. Comment?   d. Quand?   e. Quel/quelle?   f. Combien?   g. Combien?   h. D'où?

5. Write the questions to these answers
a. Que portes-tu quand il fait froid?   b. Que fais-tu le week-end?   c. Où vas-tu à cinq heures?
d. Combien de survêtements as-tu?   e. Avec qui joues-tu au tennis?   f. Où fais-tu de la natation?
g. Tu fais souvent de l'escalade?

6. Translate into French
a. Où joues-tu au tennis?   b. Que fais-tu pendant ton temps libre?   c. Combien de casquettes as-tu?
d. Quel est ton passe-temps préféré?   e. Tu fais souvent du sport?   f. A quelle heure fais-tu tes devoirs?

Unit 16 - Talking about my daily routine

Unit 16. Talking about my daily routine: VOCABULARY BUILDING (Part 1) (Page 130)

1. Match up

je me lève – I get up   je vais au collège – I go to school   je me couche – I go to bed   je déjeune – I have lunch

je dîne – I have dinner   je prends le petit-déjeuner – I have breakfast   je me repose – I rest

je rentre à la maison – I go back home

2. Translate into English

a. I get up at 6   b. I go to bed at 11   c. I have lunch at noon   d. I have breakfast at 6.05   e. I go back home at 3.30

f. I have dinner at about 8   g. I watch TV   h. I listen to music   i. I leave the house at 7

3. Complete with the missing words

a. **Je vais** au collège   b. **Je sors** de chez moi   c. **Je rentre** à la maison   d. **Je regarde** la télé

e. **Je fais** mes devoirs   f. **J'écoute** de la musique   g. **Je joue** sur l'ordinateur   h. **Je déjeune** à midi

4. Complete with the missing letters

a. Je me **repose**   b. Je **rentre** chez moi   c. J'**écoute** de la musique   d. Je pr**ends** le petit-déjeuner

e. Je **dîne**   f. Je v**ais** au collège   g. Je me **lève**   h. Je **me couche**   i. Je **déjeune**

5. Faulty translation: spot and correct any translation mistakes. Not all translations are wrong.

a. I **relax** a bit   b. I go to bed at **midnight**   c. I do **my** homework   d. I have **breakfast**

e. I **go to** school   f. I **come back** home   g. I watch TV   h. I leave **home**

i. I **brush** my **teeth**

6. Translate the following times into French

a. à six heures et demie   b. à sept heures et demie   c. à vingt heures vingt   d. à midi

e. à neuf heures vingt   f. à vingt trois heures   g. à minuit   h. à dix-sept heures quinze

Unit 16. Talking about my daily routine: VOCABULARY BUILDING (Part 2) (Page 131)

1. Complete the table

Je me couche – I go to bed   Je me brosse les dents – I brush my teeth   Je me lève – I get up

Je rentre à la maison – I go back home   À huit heures et quart – At 8.15   Je déjeune – I have lunch

Je dîne – I have dinner   J'écoute de la musique – I listen to music   Je sors de la maison – I leave the house

Je prends le petit-déjeuner – I have breakfast   Je me repose – I rest   Je fais mes devoirs – I do my homework

Je m'habille – I get dressed

2. Complete the sentences using the words in the table below

a. À sept heures et **demie**   b. **Vers** cinq heures   c. À huit heures du **matin**

d. À **midi**   e. À **onze** heures et quart   f. Vers trois heures **moins** vingt

g. À **minuit**   h. Vers **quatre** heures   i. Vers neuf heures du **soir**

j. À cinq heures moins **vingt-cinq** de l'après-midi

3. Translate into English (numerical)

a. At 8.30am   b. At 9.15pm   c. At 9.55pm   d. At 12pm   e. At 12am   f. At 10.55am   g. At 12.20pm   h. Around 2pm

4. Complete

a. À **c**inq **h**eures et **d**emie   b. Vers h**uit** **heures** et q**uart**   c. À m**idi**   d. À **neuf** **h**eures **m**oins le **q**uart

e. À m**inuit**   f. À onze **h**eures et **demie**   g. Vers u**ne** **h**eure d**u** **m**atin

5. Translate the following into French

a. Je vais à l'école vers huit heures du matin   b. Je rentre à la maison vers trois heures de l'après-midi

c. Je dîne à sept heures et demie du soir   d. Je fais mes devoirs vers cinq heures et demie de l'après-midi

e. Je prends mon petit-déjeuner à sept heures moins le quart du matin

Unit 16. Talking about my daily routine: READING (Part 1) (Page 132)

1. Answer the following questions about Hiroto

THE LANGUAGE GYM

46

a. Japan   b. Around 6am   c. My mother and little brother   d. Around 7.30   e. Until 6pm   f. By bike
2. Find the French for the phrases below in Hiroto's text
a. Vers 11 heures   b. Avec mes amis   c. À vélo   d. Je vais au parc   e. Je me douche et je m'habille
f. Je ne mange pas beaucoup   g. De six heures à sept heures et demie   h. Je fais mes devoirs
3. Complete the statements below about Andreas' text
a. He gets up at **around 5am**
b. He comes back from school at **3.30pm**
c. For breakfast he eats **fruit** and drinks a **hot chocolate**
d. He has breakfast with **his mother and sister**
e. After getting up he **goes jogging** and then showers and **gets dressed**
f. Usually **he plays on the Playstation** until midnight
4. Find the French for the following phrases/sentences in Gregorio's text
a. Je suis mexicain   b. Je me douche   c. Avec mes deux frères   d. Je me détends un peu

Unit 16. Talking about my daily routine: READING (Part 2) (Page 133)
1. Find the French for the following in Yang's text
a. Je suis chinoise   b. Ma routine journalière   c. Je me douche   d. Très simple
e. Vers sept heures et demie f. Je ne mange pas beaucoup   g. Je regarde la télé   h. Je vais au collège
i. Je fais mes devoirs   j. De six à sept heures et demie   k. Je regarde un film
2. Translate these items from Kim's text
a. Je suis anglaise b. Généralement   c. Vers cinq heures et demie   d. Avec ma mère et ma demi-sœur
e. Je rentre à la maison   f. Vers trois heures   g. Je dîne avec ma famille   h. Je me détends un peu
i. Je me brosse les dents
3. Answer the following questions on Anna's text
a. Italian   b. 6.15am   c. She surfs on the internet, watches TV or reads fashion magazines
d. By bus   e. Older sister   f. Around 11pmg. Fruit or salad   h. A novel
4. Find someone who…
a. Anna b. Anna c. Anna d. Kim e. Yang. f. Kim g. Kim

Unit 16. Talking about my daily routine: WRITING (Page 134)
1. Split sentences
| Je vais au collège **en bus** | Je rentre **à la maison** | Je fais mes **devoirs** | Je regarde **la télé** |
| Je joue sur **l'ordinateur** | Je me lève **vers six heures** | Je me couche **à minuit** | Je sors de **chez moi** |

2. Complete with the correct option
a. Je me lève à **six** heures du matin   b. Je fais **mes** devoirs   c. Je regarde **la** télé
d. Je joue sur mon **ordinateur**   e. Je me **couche** à minuit   f. Je rentre **à** la maison
g. Je sors de **chez** moi   h. Je vais au collège **en** bus
3. Spot and correct the grammar and spelling mistakes [in several cases a word is missing]
a. Je vais **au** collège à vélo   b. Je me lève à sept heures et **demie**   c. Je sors **de** chez moi à huit heures
d. Je rentre **à la** maison   e. Je vais **au** collège en bus   **f.** Je me couche vers onze **heures**
g. Je dîne à huit heures moins le **quart**   h. Je fais mes devoirs à cinq heures **et** demie
4. Complete the words
a. qu**art**   b. dem**ie**   c. à d**ix** **heures**   d. v**ers** neuf **heures**   e. à h**uit** **heures**
f. vi**ngt**   g. e**nsuite**   h. je **prends** mon déjeuner   i. je **rentre**   j. je **joue**
5. Guided writing: write 3 short paragraphs in the first person [I] using the details below
Éloi: Je me lève à six heures et demie, puis je me douche à sept heures. Je vais au collège à huit heures cinq et je rentre à la maison à trois heures et demie. Je regarde la télé à six heures, ensuite je mange à huit heures dix. Je me couche à onze heures dix.
Sandrine: Je me lève à sept heures moins vingt, puis je me douche à sept heures dix. Je vais au collège à huit heures moins vingt et je rentre à la maison à quatre heures. Je regarde la télé à six heures et demie, ensuite je mange à huit heures et quart. Je me couche à minuit.

Juliette: Je me lève à sept heures et quart, puis je me douche à sept heures et demie. Je vais au collège à huit heures et je rentre chez moi à trois heures et quart. Je regarde la télé à sept heures moins vingt, puis je mange à huit heures vingt. Je me couche à onze heures et demie.

Revision Quickie 5: Clothes/Food/Free Time/Describing people (Page 135-136)

1. Clothes – Match up
une écharpe – a scarf   un survêtement – a tracksuit   une casquette – a baseball cap   une cravate – a tie
une jupe – a skirt   une robe – a dress   un tee-shirt – a t-shirt   une chemise – a shirt   un jean – jeans
des chaussettes – socks   un pantalon – trousers

2. Food – Provide a word for each of the cues below
A fruit starting with **P** – **pomme**   A vegetable starting with **C** – **carotte**   A dairy product starting with **F** – **fromage**
A meat starting with **B** – **bœuf**   A drink starting with **J** – **jus**   A drink made using lemons **L** – **limonade**
A sweet dessert starting with **G** – **gâteau**   A fruit starting with **F** – **fraise**

3. Complete the translations below
a. chaussures   b. chapeau   c. cheveux   d. frisés   e. violet   f. lait   g. eau   h. boisson   i. travail   k. vêtements

4. Clothes, Colours, Food, Jobs – Categories
Vêtements: chemise, costume, cravate, chapeau   **Couleurs:** bleu, rose, orange, rouge
Travail: comptable, plombier, avocat, cuisinier   **Nourriture:** viande, avocat, poulet, fromage, orange, riz

5. Match questions and answers
Quel est ton travail préféré? **Docteur**   Quelle est ta couleur préférée? **Le bleu**
Quelle viande détestes-tu? **Le porc**   Que portes-tu en général pour aller au gymnase? **Un survêtement**
Qui est ton prof préféré? **Mon professeur de dessin**   Quelle est ta boisson préférée? **Le jus de fruits**
Quel est ton passe-temps préféré? **Les échecs**

6. (Free time) Complete with *fais, joue* or *vais* as appropriate
a. Je ne **fais** pas de sport   b. Je ne **joue** jamais au basket   c. Je **vais** souvent au gymnase
d. Je **fais** du vélo tous les jours   e. Je **joue** souvent à la Playstation   f. Je ne **vais** pas à la piscine aujourd'hui

7. Complete with the missing verb, choosing from the list below
a. Je **bois** beaucoup de jus de fruits
b. J'**aime** les fraises
c. Après avoir fait mes devoirs, je **vais** au gymnase ou je **joue** aux jeux-vidéos
d. Je **fais** beaucoup de sport
e. Le matin, je ne **mange** pas beaucoup. Seulement deux tartines avec du miel
f. Mon père **travaille** comme ingénieur. Je ne **travaille** pas encore. Je **suis** étudiant
g. Je **déteste** regarder des dessins animés. Je **préfère** regarder des séries sur Netflix
h. Le matin, je me **lève** vers six heures

8. Time markers – Translate
a. **jamais** – never   b. **de temps en temps** – from time to time   c. **toujours** – always   d. **tous les jours** – every day
e. **rarement** – rarely   f. **une fois par semaine** – once a week   g. **deux fois par mois** – twice a month
h. **tous les matins** – every morning

9. Split sentences (Relationships)
Je m'entends bien **avec ma mère**   Je ne m'entends pas **bien avec mon père**   Mes parents **sont généreux**
J'adore **mes grands-parents**   Mon frère est **grand et fort**   Mon professeur **de dessin est strict**
Ma petite amie est **belle**   Je déteste mon oncle **car il est méchant**   Je ne supporte pas **ma sœur**
J'adore mes **cousins**

10. Complete the translation
a. Mon frère est **pompier**   b. Je ne **travaille** pas, je suis **étudiant**   c. De temps en temps, je **vais** au cinéma avec mon père
d. Je ne **regarde** jamais la télé   e. Je **déteste** mes professeurs   f. Mes parents sont **stricts**
g. Je **fais** du footing tous les jours

11. Translate into French
a. Je joue au tennis tous les jours   b. Parfois, je porte une veste   c. Je vais souvent au gymnase
d. Je ne regarde pas de dessins animés   e. Je me lève vers six heures   f. Je me douche deux fois par jour
g. Je me couche à minuit

Unit 17 - Describing my house
Grammar Times 14 & 15

Unit 17. Describing my house: VOCABULARY BUILDING (PART 1) (Page 139)
1. Match up
j'habite dans – **I live in**   une maison – **a house**   un appartement – **a flat**   grand – **big**   neuf – **new**
la campagne – **the countryside**   quartier – **neighbourhood**   résidentiel – **residential**

2. Translate into English
a. I live in a small and old house   b. I live in a big flat   c. My flat is on the outskirts
d. My house is in the countryside   e. My favourite room is my bedroom   f. I like the kitchen
g. I like to work in the living room   h. I always shower in the bathroom   i. I like to relax in the garden

3. Complete with the missing words
a. J'habite **sur** la côte   b. J'**aime** ma maison   c. **J'habite** dans une vieille, mais **jolie** maison
d. J'aime **me détendre** dans le salon   e. Ma **maison** est dans la **banlieue**   f. Je ne me **douche** jamais dans le jardin!
g. J'**adore** lire sur la terrasse

4. Complete the words
a. une v**ieille** m**aison**   b. un **appartement** sur la **côte**   c. une **petite** **maison**   d. une **grande** **terrasse**
e. une **jolie** **chambre**   f. dans la b**anlieue**

5. Classify the words/phrases below in the table below
Time phrases: a, c, j   Nouns: f, h, k, l, o   Verbs: b, g, n, p   Adjectives: d, e, i, m

6. Translate into French
a. J'habite dans un vieil appartement   b. J'habite dans une nouvelle maison   c. Dans le centre-ville
d. J'aime me détendre dans le salon   e. Je me douche toujours dans la salle de bain
f. Je vis dans un quartier résidentiel   g. Ma pièce préférée est la cuisine

Unit 17. Describing my house: VOCABULARY BUILDING (PART 2) (Page 140)
1. Match up
J'habite dans **un appartement**   Une jolie **maison**   Sur la **côte**   Un appartement **moderne**
Dans le **centre-ville**   Un quartier **résidentiel**   Je me repose **toujours**   J'aime **ma chambre**

2. Complete with the missing word
a. Je n'aime pas **travailler**   b. Elle est petite, mais **jolie**   c. C'est dans le **centre-ville**
d. C'est dans la **banlieue**   e. J'habite dans une grande **maison**   f. Dans un **quartier** résidentiel
g. Ma **pièce** favorite est…   h. Je me repose dans le **jardin**   i. J'étudie dans ma **chambre**

3. Translate into English
a. I live in a small house   b. It's on the coast   c. A big flat   d. It's in a residential neighbourhoud
e. At mine, there are 5 rooms   f. I like to work in the dining room   g. I like to rest
h. I live in the city centre   i. I live on the outskirts

4. Broken words
a. J'aime me re**poser**   b. Je vis à la m**ontagne**   c. Dans le centre-**ville**   d. Je ne me **douche** jamais...
e. …dans le j**ardin**   f. Ma pièce f**avorite**   g. Ma ch**ambre**

5. 'Le, 'La'
a. **La** côte   b. **La** campagne   c. **La** salle à manger   d. **Le** salon   e. **La** ville   f. **Le** jardin
g. **La** salle de bain   h. **La** chambre   i. **La** banlieue   j. **Le** quartier

6. Bad translation – spot any translation errors and fix them
a. I live in a **house** on the coast   b. My favorite room is the **kitchen**

c. I like to **relax** in my bedroom
e. **I like** my house because it is big and **pretty**
d. I live in a **flat** in a residential neighbourhood
f. I like to **read** in the **living room**

Unit 17. Describing my house: READING (Page 141)
1. Answer the following questions about Dante
a. Italy   b. Very big   c. 10   d. Kitchen   e. Bedroom   f. Mountain   g. No, too small

2. Find the French for the phrases below in Michel's text
a. Ma maison est en centre-ville   b. Je vis près de   c. Je parle basque   d. J'ai aussi un grand jardin
e. J'adore manger   f. Il vit dans le jardin   g. J'aime me reposer   h. J'aime aussi travailler là

3. Find Someone Who – which person…
a. Ariella   b. Michel   c. Dante   d. Monica   e. Michel   f. Ariella   g. Dante   h. Dante

4. Find the French for the following phrases/sentences in Ariella's text
a. Je suis de Cuba   b. Je me lève toujours à cinq heures   c. Je vis loin du collège
d. L'appartement est très vieux   e. Et un peu moche   f. Mais je l'aime bien   g. Parfois je lis des livres

Unit 17. Describing my house: TRANSLATION (Page 142)
1. Gapped translation
a. I live on the **outskirts**   b. My house is **very** pretty but **a bit** small   c. It is in the **mountain**
d. Je vis dans le **centre-ville**   e. Dans ma maison, **il y a** cinq pièces   f. Je n'aime pas beaucoup la **cuisine** car elle est **moche**

2. Translate to English
a. The coast   b. A flat   c. I live in   d. The city centre
e. My favourite room   f. I like to rest   g. My bedroom   h. The living room

3. Translate into English
a. I live in a small, ugly flat   b. My house is modern, but quite pretty   c. My flat is old, but I like it a lot
d. I live in a house on the coast   e. In my house there are 5 rooms   f. My favourite room, it's my bedroom

4. Translate into French
a. Grand   b. Petit   c. Banlieue   d. Côte   e. Quartier   f. Résidentiel   g. Moche   h. Pièce   i. Il y a   j. Vieille

5. Translate into French
a. Je vis dans une petite maison   b. Dans le centre-ville   c. Dans ma maison il y a   d. Sept chambres
e. Ma pièce préférée est   f. Le salon   g. J'aime me détendre dans ma chambre
h. Et j'aime travailler dans le salon   i. J'habite dans un petit et vieil appartement   j. Dans un quartier résidentiel

Grammar Time 14: HABITER – to live (Page 144)
1. Match
ils habitent – they live   **nous habitons** – we live   **elle habite** – she lives
j'habite – I live   **vous habitez** – you guys live   **tu habites** – you live

2. Complete with the correct form of 'habiter'
a. J'**habite** dans une jolie maison   b. Où **habites**-tu?   c. Nous **habitons** à Londres depuis trois ans
d. **Elle habite** dans une maison sur la côte   e. Tu **habites** dans une maison ou un appartement?
f. Ils **habitent** dans un appartement ancien   g. Nous **habitons** dans la banlieue   h. Mon père **habite** dans une ferme

3. Complete with the correct form of 'vivre'
a. Ma mère et moi **vivons** à Biarritz. Mon père **vit** à Paris.   b. Où **vivez**-vous?
c. Je **vis** à Londres. Mon frère **vit** à Rome.   d. Mes oncles **vivent** aux Etats-Unis.
f. Ma petite amie ne **vit** pas ici.   g. Je **vis** dans une très grande maison dans la banlieue.

4. Spot and correct the errors
a. Je **n'habite** pas en centre-villle   b. Mes parents **habitent** ici   c. Ma petite amie **habite** dans une maison moderne

d. Ma mère et moi **habitons** dans la banlieue   e. Mes frères **n'habitent** pas avec nous

5. Complete the translation with 'habiter'

a. Mes **frères habitent** à la **campagne**   b. **J'habite** dans un **appartement**

c. Ma mère n'**habite pas** avec mon père   d. Nous **habitons** dans la **banlieue**   e. Où **habites**-tu?

6. Translate into French

a. Mes parents et moi habitons dans une maison confortable.

b. Ma mère habite dans une petite maison sur la côte.

c. Mes cousins habitent dans une jolie maison à la campagne.

d. Ma petite amie habite dans un appartement moderne dans le centre-ville.

e. Ma sœur habite dans un vieil appartement en banlieue.

f. Mon meilleur ami Paul habite dans un appartement spacieux près du centre-ville.

Grammar Time 15: Reflexives (Part 1) (Page 145)

1. Complete with me, se or nous

a. Elles **se** lèvent   b. Je **me** douche   c. Elle **se** repose   d. Nous **nous** lavons

e. Il **se** brosse les dents   f. Nous **nous** peignons   g. Elles **se** reposent   h. Ils **se** préparent

2. Complete with the correct form of the verb

a. **Elles se brossent** les dents   b. **Nous nous douchons** ensuite

c. **Il se fatigue** beaucoup pendant les cours d'éducation physique   d. **Il ne se rase** jamais

e. **Elle ne se repose** jamais   f. **Ils se lèvent** tôt   g. **Il se baigne** toujours dans la mer

3. Translate into English

a. I get up around 6am, but my brother gets up around 7am. Then I shower. My brother never showers.

b. My sister gets ready before going to school. She always looks at herself in the mirror.

c. I shave nearly everyday. My father shaves once a week.

d. My parents get up earlier than me. Then they wash and have breakfast before me.

e. My father is bald, so he never combs his hair.

f. My mother has a lot of hair. She combs her hair for half an hour before going out of the house.

g. I brush my teeth five times a day. We don't have a bathtube at mine. Therefore we shower all the time.

h. On the other hand, my brother brushes his teeth only once a day.

4. Find in Philippe's text below the French for:

a. Ils se lèvent   b. Mon père se lève   c. Il se douche   d. Elle boit un café

e. Ma mère se lève   f. Il sort de la maison   g. Il se rase   h. Il se peigne

5. Find the French for the English below in Martin's text

a. Je me lève   b. Je me lave   c. Je me peigne   d. Je me brosse les dents   e. Je me prépare

f. Je me rase   g. Je me douche   h. Je bois   i. Je sors de chez moi

6. Complete

a. Je me douch**e**   b. Il se ras**e**   c. Nous nous douch**ons**   d. Vous vous lav**ez**

e. Je me prépar**e**   f. Ils se peign**ent**   g. Je me bross**e** les dents   h. Elles se baign**ent**

7. Complete

a. **Elles se lèvent** à six heures   b. **Ils se rasent** à sept heures   c. **Je me lève** tôt   d. **Je ne me rase** jamais

e. Nous **nous brossons** les dents après manger   f. Elle **se regarde** toujours dans le miroir

8. Translate

a. Normalement je me douche à sept heures   b. Il ne se brosse jamais les dents

c. Nous nous rasons trois fois par semaine   d. Ils se lèvent tôt

e. Il ne se peigne jamais   f. Je me baigne une fois par semaine

g. Nous nous préparons pour le collège   h. Ils ne se reposent jamais

Unit 18 - Saying what I do at home
Grammar Time 16

Unit 18. Saying what I do at home: VOCABULARY BUILDING (Part 1) (Page 149)

1. Match up

je lis des magazines – I read magazines   je regarde des films – I watch movies   je prépare le repas – I prepare food
je lis des romans – I read novels   je m'habille – I get dressed   je discute avec – I chat with   je me lave – I wash
je me douche – I shower

2. Complete with the missing words

a. Je m'**habille**   b. Je lis des **romans**   c. Je lis des **magazines**   d. Je me brosse les **dents**
e. Je me **douche**   f. **Je prépare** le repas   g. Je **surfe** sur internet

3. Translate into English

a. Generally I shower around 7am   b. I never prepare food
c. Generally I read magazines in the living room   d. Around 7.15am I take my breakfast in the dining room
e. From time to time I chat with my mother in the kitchen   f. Sometimes I take my breakfast in the kitchen
g. I play every day on the Playstation with my brother in the game room   h. I always leave the house at 8am

4. Complete the words

a. Je me d**ouche**   b. Je **lis**   c. Je d**iscute**   d. Je p**répare**   e. J'**écoute**   f. Je me l**ave**
g. Je v**ais**   h. Je **joue**   i. Je **sors**   j. Je **fais**   k. Je **surfe**

5. Classify the words/phrases below in the table below

Time phrases: a, b, c, j, k, o
Rooms in the house: d
Things you do in the bathroom: g, i
Free-time activities: e, f, h, l, m, n, p

6. Fill in the table with what activities you do in which room

Je joue à la Playstation: Dans ma chambre; Dans le salon; Dans la salle de jeux
Je regarde la télé: Dans ma chambre; Dans le salon; Dans la salle de jeux; Dans la cuisine; Dans la salle à manger
Je me douche: Dans la salle de bain
Je fais mes devoirs: Dans ma chambre; Dans le salon; Dans la cuisine; Dans la salle à manger
Je me brosse les dents: Dans la salle de bain
Je me repose: Dans ma chambre; Dans le salon

Unit 18. Saying what I do at home: VOCABULARY BUILDING (Part 2) (Page 150)

7. Complete the table

I get dressed – **Je m'habille**   I shower – **Je me douche**   I do my homework – Je fais mes devoirs
I post photos – **Je poste des photos**   I leave the house – Je sors de chez moi
I chat with my brother – Je discute avec mon frère   I rest – **Je me repose**

8. Multiple choice quiz

jamais – **never**   parfois – **sometimes**   chambre – **bedroom**   je me lave – **I wash**   je me douche – **I shower**
Je me repose – **I rest**   jardin – **garden**   cuisine – **kitchen**   je joue – **I play**   je lis – **I read**   je sors – **I go out**
toujours – **always**

9. Anagrams

Jamais = Never   **Cuisine** = Kitchen   **Chambre** = Bedroom

Salon = Living room **Toujours** = Always **Souvent** = Often

10. Broken words
a. La cu**is**ine b. Jam**ais** c. Par**fois** d. Tou**jours**
e. Souvent f. Les ba**ndes dessinées** g. Ma ch**ambre** h. Je s**ors**

11. Complete based on the translation in brackets
a. Vers **sept h**eures et demie, je me **brosse les dents** b. V**ers douze** heures et quart, je dé**jeune**
c. Par**fois**, je **prépare le repas** d. Je **regarde toujours la télé** quand je **prends** mon petit-déjeuner
e. Généralement, je **sors** de **chez** moi à **huit** heures et demie f. Je **lis rarement** des **b**andes **déssinées**

12. Gap-fill from memory
a. Parfois, je **lis** des magazines b. Je me **brosse** toujours les dents après manger
c. Je **regarde** des séries sur Netflix tous les soirs d. Je ne **lis** pas de revues de mode
e. Je ne **fais** jamais mes devoirs f. Je **poste** souvent des photos sur Instagram
g. Le week-end, je **fais** du vélo h. Je **sors** de chez moi vers huit heures et quart

Unit 18. Saying what I do at home: READING (Page 151)

1. Answer the following questions about Fabien
a. Gibraltar b. A dog c. He goes to the gym d. He doesn't do any sport
e. In the living room f. His mother g. In his bedroom

2. Find the French for the phrases below in Édouard's text
a. Je me lève b. Ensuite je me douche c. Je vais à l'école d. À cheval
e. Depuis cinq ans f. Poste des vidéos sur TikTok g. Nouvelles danses h. Je tchatte/discute

3. Find Someone Who
a. Édouard b. Édouard c. Édouard d. Valentin e. Fabien f. Valentin g. Édouard h. Édouard

4. Find the French for the following phrases/sentences in Valentin's text
a. Je suis italien b. Je me lève tôt c. Je ne mange rien pour le petit-déjeuner
d. Valérie prend des céréales e. Dans la salle à manger f. Dans le salon
g. Je regarde des vidéos sur TikTok

Unit 18. Saying what I do at home: WRITING (Page 152)

1. Split sentences
Je discute **avec ma mère** Je me repose dans **ma chambre** Je prépare le **repas**
Je poste des photos **sur Instagram** Je fais mes **devoirs** Je me lève très **tôt**
Je joue sur mon **ordinateur** Je me brosse **les dents**

2. Complete with the correct option
a. Je me lève à six heures du **matin** b. Je joue au foot dans le **jardin**
c. Je regarde la télé dans le **salon** d. J'écoute de la musique dans ma **chambre**
e. Je prépare le **repas** avec mon père f. Je me **brosse** les dents
g. Je **regarde** des dessins animés h. Je **vais** au collège à cheval

3. Spot and correct the grammar and spelling mistakes [note: in several cases a word is missing]
a. Je **me** douche dans **la** salle de bain b. Je déjeune **dans** la cuisine c. **Dans** ma chambre
d. Je joue sur **l'/mon** ordinateur e. Je sors de chez moi à huit **heures** f. Je fais **mes** devoirs
g. Je regarde **des** séries sur Netflix h. Je **vais** au collège à cheval i. La chambre **de** mon frère

4. Complete the words
a. je dé**jeune** b. la cu**isine** c. ma **chambre** d. le **garage**
e. je s**ors** de **ch**ez moi f. dans le **salon** g. la **salle à manger** h. dans la **salle** de bain

i. je **regarde** des **f**ilms d**a**ns la **c**hambre de m**o**n fr**è**re

5. Guided writing: write 3 short paragraphs in the first person [I] using the details below

Jérôme: Je me lève à six heures et quart et je me douche dans la salle de bain. Je prends mon petit déjeuner dans la cuisine avec mon frère. Le soir je regarde la télé dans le salon, puis je prépare le repas dans la cuisine.

Maurice: Je me lève à sept heures et demie et je me douche dans la douche. Je mange mon petit déjeuner dans la salle à manger avec ma mère. Le soir je lis un livre dans ma chambre, ensuite je discute avec ma famille sur Skype.

Anne: Je me lève à sept heures moins le quart et je me douche dans la salle de bain. Je prends mon petit déjeuner dans le salon avec mon oncle. Le soir j'écoute de la musique dans le jardin et je poste des photos sur Instagram.

Grammar Time 16: JOUER, (Part 3) FAIRE (Part 3) ALLER (Part 2) (Page 153-154)

1. Complete with 'fais', 'joue' or 'vais'
a. Je **fais** mes devoirs   b. Je **joue** aux échecs   c. Je **vais** en Espagne   d. Je **vais** à la piscine
e. Je **joue** sur mon ordinateur   f. Je ne **vais** jamais au gymnase   g. Je **joue** au tennis   h. Je ne **fais** pas de natation

2. Complete with the missing forms of the present indicative of the verbs below

Je fais; vais; joue   **Tu** fais; vas; joues   **Il/Elle** fait; va; joue
Nous faisons; allons; jouons **Vous** faites; allez; jouez   **Ils/Elles** font; vont; jouent

3. Complete with the appropriate verb
a. Ma mère **va** à l'église tous les samedis   b. Ma sœur ne **fait** jamais ses devoirs   c. Nous **jouons** au basket tous les jours
d. Mes parents ne **font** pas beaucoup de sport   e. Mes frères **jouent** souvent aux échecs
f. Ma petite amie et moi **allons** au collège à pied   g. Que **fais**-tu?   h. Où **allez**-vous?   i. Quel travail **fais**-tu?
j. Mon cousin **joue** au foot avec nous   k. Mes oncles **vont** souvent au stade pour regarder des matchs
l. Mon père **joue** au tennis de temps en temps   m. En été, mes parents et moi **faisons** de la voile
n. Le week-end, mes parents ne **font** rien

4. Complete with the 'nous' form of jouer/faire/aller
a. **jouons** au rugby   b. **allons** au collège   c. **jouons** au basket   d. **allons** en boîte   e. **jouons** au tennis
f. **allons** au parc   g. **jouons** au cricket   h. **allons** à la piscine   i. **faisons** du sport   j. **faisons** de la voile
k. **faisons** du footing   l. **jouons** aux échecs

5. Complete with the 'ils' form of jouer/faire/aller
a. **jouent** au basket   b. **vont** au stade   c. **font** de l'escalade   d. **font** leurs devoirs   e. **font** du surf
f. **vont** à la plage   g. **vont** à la maison   h. **jouent** au volley   i. **jouent** au tennis   j. **font** du footing
k. **jouent** au foot   l. **jouent** au cricket

6. Translate into French
a. Nous jouons souvent sur l'ordinateur   b. Mon frère ne va jamais au gymnase
c. Ma sœur joue au netball tous les jours   d. Mon père ne fait jamais de sport
e. Quel travail faites-vous?   f. Où allez-vous après l'école?
g. Mon frère et moi jouons souvent aux échecs   h. Mes parents et moi allons nager une fois par semaine
i. Mon frère ne va jamais à l'église   j. Mon meilleur ami va au stade tous les samedis

7. Complete with the correct ending
a. Ma mère s'appell**e** Marina   b. Mon frère ne se lav**e** pas   c. Je me douch**e** souvent
d. Mon père se ras**e** tous les jours e. Premièrement je me douche, ensuite je me peign**e**
f. Nous nous lev**ons** tôt le matin   g. Quand te douch**es**-tu?   h. Comment t'appell**es**-tu?

8. Translate into French
a. Nous nous levons à six heures   b. Il se douche, puis il se rase   c. Je me douche vers sept heures
d. Mon père ne se rase jamais   e. Mes frères ne se lavent jamais   f. Il s'appelle Michel
g. Ils se préparent   h. Elle se lève tard   i. Il ne se brosse pas les dents
j. Quand te reposes-tu?

Unit 19 - My holiday plans
Revision Quickie 6

Unit 19. My holiday plans: VOCABULARY BUILDING (Page 157)
1. Match up
je vais aller – I am going to go   je vais passer – I am going to spend   je vais rester – I am going to stay
bon marché – cheap   un camping – a campsite   j'aimerais – I would like to   acheter – to buy
ce sera génial – it will be great

2. Complete with the missing word
a. Manger et **dormir**   b. Je vais me **reposer**   c. J'**aimerais** aller
d. **Jouer** avec mes amis   e. Je **vais rester** dans   f. Ce sera ennuyeux
g. Nous allons **passer**   h. Je vais voyager en **avion**   i. Je vais passer deux semaines **là-bas** avec ma **famille**

3. Translate into English
a. This summer, I am going to go to Italy   b. I am going to spend 3 weeks there   c. I am going to go to Bordeaux by plane
d. We are going to buy souvenirs   e. I would like to go out in town   f. I am going to play with my friends
g. We would like to eat and sleep   h. I am going to rest every day   i. I am going to do sports with my brother

4. Broken word
a. Mang**er** et dorm**ir**   b. Nous allons **rester**   c. Je vais p**asser**   d. Je v**oudrais** aller
e. Aller à la p**lage**   f. **F**aire du vélo   g. **B**ronzer   h. Ce **sera** amusant

5. 'Aller', 'Jouer' or 'Faire'?
a. **Faire** des courses   b. **Aller** à la plage   c. **Faire** du tourisme   d. **Jouer** au foot   e. **Faire** de la plongée
f. **Aller** en boîte   g. **Faire** du vélo   h. **Faire** du sport   i. **Jouer** aux échecs   j. **Jouer** de la guitare

6. Bad translation: spot any translation errors and fix them
a. **This** summer **we are** going to go   b. I am going to go to Ardèche with my **father**
c. I am going to **eat** and sleep   d. I would like to rest **for one hour**
e. **We are** going to stay in a hotel   f. I am going to spend one week **there**
g. **We are** going to travel by **car**   h. **I am** going to stay in my family's house

Unit 19. My holiday plans: READING (Part 1) (Page 158)
1. Find the French for the following in Hugo's text
a. Je suis de   b. Mais j'habite à   c. Je vais voyager en   d. Avec ma petite amie
e. Nous allons passer   f. Tous les jours   g. Je ne vais pas

2. Find the French for the following in Diana's text
a. En bateau   b. J'ai beaucoup de temps   c. Je vais passer   d. J'adore danser
e. Donc   f. Aussi   g. C'est très ennuyeux

3. Complete the following statements about Deryk
a. Canada   b. wife   c. England and Québec   d. rest and read books   e. cycle and eat delicious food

4. List any 8 details about Dino (in 3rd person) in English
1. He is Italian   2. He is from Venice   3. He will go to Mexico   4. He will go by plane
5. And spend two weeks there   6. And stay in a caravan   7. On the beach   8. He will visit monuments

5. Find someone who…
a. Diana   b. Dino   c. Hugo   d. Diana and Hugo   e. Hugo

Unit 19. My holiday plans: READING (Part 2) (Page 159)
1. Answer the following questions about Bixente
a. Ghéthary   b. Turtle   c. Family   d. Luxurious hotel   e. By plane and by car   f. Watch the interceltic festival   g. Shopping

2. Find the French in Joséphine's text
a. Cet été   b. Et ensuite   c. Qui s'appelle   d. Lac   e. Parapente   f. Divertissant   g. Essayer   h. Bronzer ensemble

3. Find the French for the following phrases/sentences in Fred's text
a. Mon ami Éric   b. Deux semaines   c. Ce sera très impressionnant   d. Ce sera dur
e. Je voudrais me reposer   f. Jouer de la guitare   g. Notre groupe favori   h. La musique rock

4. Find Someone Who – which person…
a. Joséphine   b. Fred   c. Bixente   d. Fred/Joséphine   e. Joséphine   f. Fred   g. Fred   h. Bixente

Unit 19. My holiday plans: TRANSLATION/WRITING (Page 160)

1. Gapped translation
a. Je vais aller en **vacances**
b. Je vais voyager en **voiture**
c. Nous allons **passer** une semaine **là-bas**
d. **Je vais** rester dans un hôtel **bon marché**
e. Nous allons manger et **dormir** tous les **jours**
f. S'il fait **beau**, je vais aller à la **plage**
g. Je vais faire les **magasins**

2. Translate to English
a. To eat   b. To buy   c. To rest   d. To do sightseeing   e. To go to the beach
f. Every day   g. By plane   h. To scuba dive   i. To go out in town

3. Spot and correct the grammar and spelling mistakes [note: in several cases a word is missing]
a. Je vais faire **du** sport   b. Je **vais** passer une semaine **là-bas**   c. Je vais rester dans un hôtel **de** luxe
d. Nous allons rester dans **un hôtel**   e. Je voudrais jouer **au** foot   f. Nous allons sortir au **centre**-ville
g. Je vais **aller** à la plage   h. Je vais jouer **avec** mes amis

4. Categories: Positive or Negative?
a. P   b. N   c. P   d. P   e. P   f. N   g. N   h. N   i. P   j. P

5. Translate into French
a. Je vais me reposer   b. Je vais faire de la plongée   c. Nous allons aller à la plage   d. Je vais bronzer
e. J'aimerais faire du tourisme   f. Je vais rester dans   g. Un hôtel bon marché   h. Nous allons passer deux semaines
i. Je vais aller là-bas en avion   j. Ce sera marrant

Revision Quickie 6: Daily Routine/ House/ Home life/ Holidays (Page 161)

1. Match-up
dans la banlieue – on the outskirts   **dans la salle de bain** – in the bathroom   **dans la cuisine** – in the kitchen
dans ma maison – in my house   **dans le jardin** – in the garden   **dans ma chambre** – in my bedroom
dans la salle à manger – in the dining room   **dans la douche** – in the shower   **dans le salon** – in the living room

2. Complete with the missing letters
a. Je me dou**ch**e   b. Je me lè**ve**   c. Je re**garde** la télé a   d. Je **lis** des BD
e. Je **sors** de chez moi   f. J'**arrive** au collège   g. Je p**rends** le bus   h. Je m'**habille**   i. Je dé**jeune**

3. Spot and correct any of the sentences below which do not make sense
a. Je me douche dans **la douche**   b. Je mange dans la **cuisine**   c. Je prépare le repas dans **la cuisine**
d. Je me lave les cheveux dans **la douche**   e. Je vais **au collège** en bus   f. Je joue au ping-pong avec mon frère
g. Le sofa est dans **le salon**   h. Je regarde la télé dans **le salon**   i. Je dors dans **ma chambre**
j. Je gare la voiture dans le **garage**

4. Split sentences
Je regarde **la télé**   J'écoute **de la musique**   Je lis **des magazines**   Je prends **le bus**
Je mange des **céréales**   Je vais aller au **Japon en avion**   Je bois **un café**   Je poste des photos **sur IG**
Je fais mes **devoirs**   Je range **ma chambre**   Je travaille sur **mon ordinateur**   Je joue **aux cartes**

5. Match the opposites
Bon – **Mauvais**   Sympathique – **Antipathique**   Facile – **Difficile**   Amusant – **Ennuyeux**
Sain – **Malsain**   Moche – **Beau**   Cher – **Bon marché**   Lent – **Rapide**

Souvent – **Rarement**   Jamais – **Toujours**   Petit – **Grand**

6. Complete with the missing words

a. Je vais aller au Japon **en** avion   b. Je vais aller en Italie **avec** mes parents   c. Je ne joue jamais **au** foot

d. Je déteste **le** cricket   e. Je reste dans un hôtel **de** luxe   f. Je vais au parc une fois **par** semaine

g. Je surfe **sur** internet   h. Je poste des photos **sur** Instagram

7. Draw a line in between each word

a. J'aime beaucoup jouer au basket   b. Je regarde la télé et j'écoute de la musique

c. Pendant mon temps libre je joue aux jeux vidéo   d. Je vais aller en Allemagne en voiture

e. Je vais rester dans un hôtel de luxe   f. Le matin je vais aller à la plage

g. Je vais aller en boîte samedi   h. Je ne fais jamais mes devoirs

8. Spot the translation mistakes and correct them

a. I **get up** early   b. I hate **basketball**   c. I am going to go to the **swimming-pool**

d. **We are** not going to do anything   e. I am going to **swim**   f. I am going to travel by **car**

g. I am going to stay in a **luxurious** hotel   h. I am going to watch a **movie**

9. Translate into English:

a. I take the plane   b. I am going to go   c. I am going to stay   d. I wash   e. I watch a movie

f. I tidy my room   g. I eat vegetables   h. I like eggs   i. I am not doing anything   j. I work on my computer

10. Translate into English

a. I shower and I have breakfast   b. Tomorrow, I am going to go to Japan   c. I tidy my bedroom every day

d. I never play basketball   e. I get up early   f. I eat a lot for breakfast

g. I go to Italy by car   h. During my free time, I read books   i. I spend a lot of time on the internet

11. Translate into French

a. Je **dîne**   b. Je **regarde**   c. Je **fais**   d. Je **range**   e. Je **lis**   f. Je **travaille**   g. Je me **repose**   h. Je **vais**   i. Je **prends**

Question Skills 4: Daily routine/House/Home life/Holidays (Page 163)

1. Complete the questions with the correct option

a. À quelle   b. Comment   c. Que   d. Combien   e. Avec qui   f. Pourquoi   g. Où   h. Quelle

2. Split questions

Pourquoi tu ne joues pas au foot avec nous?   **Combien de fois** vas-tu au gymnase par semaine?

À quelle heure rentres-tu chez toi?   **Où** fais-tu du footing?

Que manges-tu pour le petit-déjeuner?   **Avec** qui joues-tu aux échecs?

Que fais-tu pendant le week-end?   **Tu aides** tes parents à la maison?

Comment passes-tu ton temps libre?

3. Match each statement below to one of the questions included in activity 1 above

a. Combien d'heures passes-tu sur ton ordinateur?   b. Comment tu t'appelles?

c. Avec qui joues-tu à la Playstation?   d. À quelle heure tu te lèves?

e. Où vas-tu le vendredi soir?   f. Que fais-tu après le collège?

g. Pourquoi tu ne fais pas de sport?   h. Quelle est ta pièce préférée?

4. Translate into French

a. Qui?   b. Quand?   c. Avec qui?   d. Pourquoi?   e. Combien?   f. Comment?   g. Lesquelles?

h. Où?   i. Fais-tu?   j. Peux-tu?   k. Où est?   l. Combien d'heures?   m. Combien de personnes?

5. Translate

a. Où est ta chambre?   b. Où vas-tu après le collège?

c. Que fais-tu pendant ton temps libre?   d. Jusqu'à quelle heure étudies-tu?

e. Combien de temps passes-tu sur internet?   f. Quel est ton passe-temps préféré?

g. Que fais-tu pour aider à la maison?

VOCABULARY TESTS

Unit 1: "Talking about my age" TOTAL SCORE: /30 (Page 165)
1a. Translate the following sentences (worth one point each) into French

What is your name? – **Comment tu t'appelles?**   My name is Paul – **Je m'appelle Paul**
How old are you? – **Quel âge as-tu?**   I am five years old – **J'ai cinq ans**
I am seven years old – **J'ai sept ans**   I am nine years old – **J'ai neuf ans**
I am ten years old – **J'ai dix ans**   I am eleven years old – **J'ai onze ans**
I am twelve years old – **J'ai douze ans**   I am thirteen years old – **J'ai treize ans**

1b. Translate the following sentences (worth two points each) into French

What is your brother called? – **Comment s'appelle ton frère?**
What is your sister called? – **Comment s'appelle ta sœur?**
My brother is called Mathieu – **Mon frère s'appelle Mathieu**
My sister is fourteen years old – **Ma sœur a quatorze ans**
My brother is fifteen years old – **Mon frère a quinze ans**
I don't have any brothers or sisters – **Je n'ai pas de frères et sœurs**
My name is Jean and I am French – **Je m'appelle Jean et je suis français**
I have a brother who is called Philippe – **J'ai un frère qui s'appelle Philippe**
I live in the capital of Japan – **J'habite dans la capitale du Japon**
I live in the capital of France – **J'habite dans la capitale de France**

Unit 2: "Saying when my birthday is" TOTAL SCORE: /30 (Page 166)
1a. Translate the following sentences (worth one point each) into French

My name is Serge – **Je m'appelle Serge**   I am eleven years old – **J'ai onze ans**
I am fifteen years old – **J'ai quinze ans**   I am eighteen years old – **J'ai dix-huit ans**
The 3rd May – **Le trois mai**   The 4th April – **Le quatre avril**
The 5th June – **Le cinq juin**   The 6th September – **Le six septembre**
The 10th October – **Le dix octobre**   The 8th July – **Le huit juillet**

1b. Translate the following sentences (worth two points each) into French

I am 17. My birthday is on 21st June – **J'ai dix-sept ans. Mon anniversaire c'est le vingt-et-un juin**
My brother is called Jules. He is 19 – **Mon frère s'appelle Jules. Il a dix-neuf ans**
My sister is called Marie. She is 22 – **Ma sœur s'appelle Marie. Elle a vingt-deux ans**
My brother's birthday is on 23rd March – **L'anniversaire de mon frère est le vingt-trois mars**
My name is Philippe. I am 15. My birthday is on 27th July
 – **Je m'appelle Philippe. J'ai quinze ans. Mon anniversaire c'est le vingt-sept juillet**
My name is Grégoire. I am 18. My birthday is on 30th June
 – **Je m'appelle Grégoire. J'ai dix-huit ans. Mon anniversaire c'est le trente juin**
When is your birthday? – **Quelle est la date de ton anniversaire?**
Is your birthday in October or November? – **Ton anniversaire est en octobre ou novembre?**
My brother is called Pierre. His birthday is on 31st January
 – **Mon frère s'appelle Pierre. Son anniversaire est le trente-et-un janvier**
Is your birthday in May or June? – **Ton anniversaire est en mai ou juin?**

THE LANGUAGE GYM

Unit 3: "Describing hair and eyes" TOTAL SCORE: /30 (Page 167)

1a. Translate the following sentences (worth one point each) into French

black hair – **Les cheveux noirs**   Light brown hair – **Les cheveux châtains**
Blond hair – **Les cheveux blonds**   Blue eyes – **Les yeux bleus**
My name is Léa – **Je m'appelle Léa**   I am 12 years old – **J'ai douze ans**
I have long hair – **J'ai les cheveux longs**   I have short hair – **J'ai les cheveux courts**
I have green eyes – **J'ai les yeux verts**   I have brown eyes – **J'ai les yeux marron**

1b. Translate the following sentences (worth two points each) into French

I have grey hair and green eyes – **J'ai les cheveux gris et les yeux verts**
I have red straight hair – **J'ai les cheveux roux et raides**
I have curly white hair – **J'ai les cheveux blancs et frisés**
I have brown hair and light brown eyes – **J'ai les cheveux châtains et les yeux marron**
I wear glasses and have spikey hair – **Je porte des lunettes et j'ai les cheveux en épis**
I don't wear glasses and I have a beard – **Je ne porte pas de lunettes et j'ai une barbe**
My brother has blond hair and he has a moustache – **Mon frère a les cheveux blonds et il a une moustache**
My brother is 22 years old and has shaved hair – **Mon frère a vingt-deux ans et il a les cheveux rasés**
Do you wear glasses? – **Portes-tu des lunettes?**
My sister has blue eyes and wavy black hair – **Ma sœur a les yeux bleus et les cheveux noirs et ondulés**

Unit 4 "Saying where I live and am from" TOTAL SCORE: /30 (Page 168)

1a. Translate the following sentences (worth one point each) into French

My name is – **Je m'appelle**   I am from – **Je suis de**
I live in – **J'habite/je vis à**   In a house – **Dans une maison**
In a modern building – **Dans un bâtiment moderne**   In an old building – **Dans un vieux bâtiment**
On the outskirts – **Dans la banlieue**   In the centre – **Dans le centre**
On the coast – **Sur la côte**   In Biarritz – **À Biarritz**

1b. Translate the following sentences (worth two points each) into French

My brother is called Paul – **Mon frère s'appelle Paul**
My sister is called Alexandra – **Ma sœur s'appelle Alexandra**
I live in an old building – **Je vis dans un vieux bâtiment**
I live in a modern building – **Je vis dans un bâtiment moderne**
I live in a beautiful house on the coast – **J'habite dans une belle maison sur la côte**
I live in an old house in the centre – **J'habite dans une vieille maison dans le centre**
I am from Paris, but I live in the centre of Casablanca – **Je suis de Paris, mais je vis dans le centre de Casablanca**
I am 15 years old and I am French – **J'ai quinze ans et je suis français**
I am French, from Biarritz, but I live in Nouméa, in New Caledonia –
Je suis français de Biarritz, mais je vis à Nouméa en nouvelle Calédonie
I live in a small apartment in the countryside – **J'habite dans un petit appartement à la campagne**

Unit 5 "Talking about my family/numbers 1-100" TOTAL SCORE: /30 (Page 169)

1a. Translate the following sentences (worth one point each) into French

my younger brother – **mon frère cadet** my older brother – **mi hermano mayor**
my older sister – **ma sœur aînée** my younger sister – **ma sœur cadette**
my father – **mon père** my mother – **ma mère**
my uncle – **mon oncle** my aunt – **ma tante**
my male cousin – **mon cousin** my female cousin – **ma cousine**

1b. Translate the following sentences (worth two points each) into French

In my family there are four people – **Dans ma famille il y a quatre personnes**
My father, my mother and two brothers – **Mon père, ma mère et mes deux frères**
I don't get along with my older brother – **Je ne m'entends pas bien avec mon frère aîné**
My older sister is 22 – **Ma sœur aînée a vingt-deux ans**
My younger sister is 16 – **Ma sœur cadette a seize ans**
My grandfather is 78 – **Mon grand-père a soixante-dix-huit ans**
My grandmother is 67 – **Ma grand-mère a soixante-sept ans**
My uncle is 54 – **Mon oncle a cinquante-quatre ans**
My aunt is 44 – **Ma tante a quarante-quatre ans**
My female cousin is 17 – **Ma cousine a dix-sept ans**

Unit 6 "Describing myself and my family members" TOTAL SCORE: /30 (Page 170)

1a. Translate the following sentences (worth one point each) into French

tall (masculine) – **grand** short (feminine) – **petite**
ugly (masculine) – **moche** good-looking (masculine) – **beau**
generous (masculine) – **généreux** boring (feminine) – **ennuyeuse**
intelligent (masculine) – **intelligent** muscular (masculine) – **musclé**
good (feminine) – **gentille** fat (masculine) – **gros**

1b. Translate the following sentences (worth two points each) into French

My mother is strict and boring – **Ma mère est stricte et ennuyeuse**
My father is stubborn and unfriendly – **Mon père est têtu et antipathique**
My older sister is intelligent and hard-working – **Ma sœur aînée est intelligente et travailleuse**
My younger sister is sporty – **Ma soeur cadette est sportive**
In my family, I have five people – **Dans ma famille, j'ai cinq personnes**
I get along with my older sister because she is nice – **Je m'entends bien avec ma sœur aînée parce qu'elle est gentille**
I don't get along with my younger sister because she is annoying –
Je ne m'entends pas bien avec ma sœur cadette parce qu'elle est pénible
I love my grandparents because they are funny and generous –
J'adore mes grands-parents parce qu'ils sont marrants et généreux
What are your parents like? – **Comment sont tes parents?**
My uncle and aunt are fifty and I don't get along with them –
Mon oncle et ma tante ont cinquante ans et je ne m'entends pas bien avec eux

Unit 7 "Talking about pets" TOTAL SCORE: /40 (Page 170)

1a. Translate the following sentences (worth one point each) into French

a horse – **un cheval**   a rabbit – **un lapin**
a dog – **un chien**   a turtle – **une tortue**
a bird – **un oiseau**   a parrot – **un perroquet**
a duck – **un canard**   a guinea pig – **un cochon d'Inde**
a cat – **un chat**   a mouse – **une souris**

1b. Translate the following sentences (worth three points each) into French

I have a white horse – **J'ai un cheval blanc**
I have a green turtle – **J'ai une tortue verte**
At home we have two fish – **Chez moi nous avons deux poissons**
My sister has a spider – **Ma sœur a une araignée**
I don't have pets – **Je n'ai pas d'animaux**
My friend Pierre has a blue bird – **Mon ami Pierre a un oiseau bleu**
My cat is very fat – **Mon chat est très gros**
I have a snake that is called Boa – **J'ai un serpent qui s'appelle Boa**
My duck is funny and noisy – **Mon canard est marrant et bruyant**
How many pets do you have at home? – **Combien d'animaux as-tu chez toi?**

Unit 8 "Talking about jobs" TOTAL SCORE: /40 (Page 172)

1a. Translate the following sentences (worth one point each) into French

He is a cook – **Il est cuisinier**   She is a doctor – **Elle est médecin**
He is a journalist – **Il est journaliste**   He is a teacher – **Il est professeur**
She is a waitress – **Elle est serveuse**   She is a businesswoman – **Elle est femme d'affaires**
She is a nurse – **Elle est infirmière**   He is a hairdresser – **Il est coiffeur**
He is a househusband – **Il est homme au foyer** She is a farmer – **Elle est fermière**

1b. Translate the following sentences (worth three points each) into French

My uncle is a cook – **Mon oncle est cuisinier**
My mother is a nurse – **Ma mère est infirmière**
My grandparents don't work – **Mes grands-parents ne travaillent pas**
My sister works as a teacher – **Ma sœur travaille comme professeure**
My auntie is an actress – **Ma tante est actrice**
My (male) cousin is a student – **Mon cousin est étudiant**
My (male) cousins are lawyers – **Mes cousins sont avocats**
He doesn't like it because it is hard – **Il n'aime pas ça parce que c'est dur**
He likes it because it is gratifying – **Il aime ça parce que c'est gratifiant**
He hates it because it is stressful – **Il déteste ça parce que c'est stressant**

THE LANGUAGE GYM

UNIT 9 "Comparing people" TOTAL SCORE: /50 (Page 173)

1a. Translate the following sentences (worth two points each) into French

He is taller than me – **Il est plus grand que moi**
He is more generous than her – **Il est plus généreux qu'elle**
She is less fat than him – **Elle est moins grosse que lui**
He is slimmer than her – **Il est plus mince qu'elle**
She is better looking than him – **Elle est plus jolie/belle que lui**
She is more talkative than me – **Elle est plus bavarde que moi**
I am more funny than him – **Je suis plus marrant que lui**
My dog is less noisy – **Mon chien est moins bruyant**
My rabbit is more fun – **Mon lapin est plus amusant**
She is as talkative as me – **Elle est aussi bavarde que moi**

1b. Translate the following sentences (worth 3 points each) into French

My brother is stronger than me – **Mon frère est plus fort que moi**
My mother is shorter than my father – **Ma mère est plus petite que mon père**
My uncle is better looking than my father – **Mon oncle est plus beau que mon père**
My older sister is more talkative than my younger sister – **Ma sœur aînée est plus bavarde que ma sœur cadette**
My sister and I are taller than my cousins – **Ma sœur et moi sommes plus grandes que nos cousins**
My grandfather is less strict than my grandmother – **Mon grand-père est moins sévère que ma grand-mère**
My friend Paul is friendlier than my friend Philippe – **Mon ami Paul est plus sympa que mon ami Philippe**
My rabbit is bigger than my duck – **Mon lapin est plus grand que mon canard**
My cat is fatter than my dog – **Mon chat est plus gros que mon chien**
My mouse is faster than my turtle – **Ma souris est plus rapide que ma tortue**

Unit 10 "Talking about what is in my schoolbag" TOTAL SCORE: /40 (Page 174)

1a. Translate the following sentences (worth one point each) into French

I have a pen – **J'ai un stylo**
I have a rubber – **J'ai une gomme**
In my pencil case – **Dans ma trousse**
Pierre has – **Pierre a**
A purple exercise book – **Un cahier violet**

I have a ruler – **J'ai une règle**
In my bag – **Dans mon sac**
My friend Paul – **Mon ami Paul**
I don't have – **Je n'ai pas**
A yellow pencil sharpener – **Un taille-crayon jaune**

1b. Translate the following sentences (worth three points each) into French

In my schoolbag I have four books – **Dans mon cartable j'ai quatre livres**
I have a yellow pencil case – **J'ai une trousse jaune**
I have a red bag – **J'ai un sac rouge**
I don't have black markers – **Je n'ai pas de feutres noirs**
There are two blue pens – **Il y a deux stylos bleus**
My friend Paul has a pencil sharpener – **Mon ami Paul a un taille-crayon**
Do you guys have a rubber? – **Avez-vous une gomme?**
Do you have a red pen? – **As-tu un stylo rouge?**
Is there a ruler in your pencil case? – **Il y a une règle dans ta trousse?**
What is there in your schoolbag? – **Qu'y a-t-il dans ton sac?**

Unit 11 " Talking about food" – Part 1   TOTAL SCORE: /80 (Page 175)

1a. Translate the following sentences (worth three points each) into French

I don't like milk – **Je n'aime pas le lait**
I love meat – **J'adore la viande**
I don't like fish much – **Je n'aime pas beaucoup le poisson**
I hate chicken – **Je déteste le poulet**
Fruit is tasty– **Les fruits sont savoureux**
Honey is healthy – **Le miel est sain**
I prefer mineral water – **Je préfère l'eau minérale**
Milk is disgusting – **Le lait est dégoûtant**
Chocolate is delicious – **Le chocolat est délicieux**
Cheese is unhealthy – **Le fromage est malsain**

1b. Translate the following sentences (worth five points each) into French

I love chocolate because it is delicious – **J'adore le chocolat parce que c'est délicieux**
I like apples a lot because they are healthy – **J'aime beaucoup les pommes parce qu'elles sont saines**
I don't like red meat because it is unhealthy – **Je n'aime pas la viande rouge parce que c'est malsain**
I don't like sausages because they are unhealthy – **Je n'aime pas les saucisses parce qu'elles sont malsaines**
I love fish with potatoes – **J'adore le poisson avec des frites**
I hate seafood because it is disgusting – **Je déteste les fruits de mer parce que c'est dégoûtant**
I like fruit because it is light and delicious – **J'aime les fruits parce que c'est sain et délicieux**
I like spicy chicken with vegetables – **J'aime le poulet épicé avec des légumes**
I like eggs because they are rich in protein – **J'aime les œufs parce qu'ils sont riches en protéines**
Roast chicken is tastier than fried fish – **Le poulet rôti est plus savoureux que le poisson frit**

Unit 12 "Talking about food" – Part 2 TOTAL SCORE: /40 (Page 176)

1a. Translate the following sentences (worth one point each) into French

I have breakfast – **Je prends mon petit-déjeuner**	Healthy – **Sain**
I have lunch – **Je déjeune**	Disgusting – **Dégoûtant**
I have afternoon 'snack' – **Je prends mon goûter**	Refreshing – **Rafraichîssant**
I have dinner – **Je dîne**	Hard – **Dur**
Delicious – **Délicieux**	Sweet – **Sucré**

1b. Translate the following sentences (worth three points each) into French

I eat eggs and I drink coffee for breakfast – **Je mange des œufs et je bois du café pour le petit-déjeuner**
I have seafood for lunch – **Je prends des fruits de mer pour le déjeuner**
I never have dinner – **Je ne dîne jamais**
For snack I have bread with butter – **Pour le goûter, je prends du pain avec du beurre**
In the morning I usually eat fruit – **Por la mañana suelo comer fruta/normalmente como fruta**
I love meat because it is tasty – **J'adore la viande parce que c'est savoureux**
From time to time I eat cheese – **De temps en temps je mange du fromage**
In the evening I eat little – **Le soir je mange peu**
We eat a lot of meat and fish – **Nous mangeons beaucoup de viande et de poisson**
I don't often eat sweets – **Je ne mange pas souvent de sucreries/bonbons**

THE LANGUAGE GYM

Unit 13: "Describing clothes and accessories" TOTAL SCORE: /50 (Page 177)

1a. Translate the following sentences (worth two points each) into French

a red skirt – **une jupe rouge**
a blue suit – **un costume bleu**
a green scarf – **une écharpe verte**
black trousers – **un pantalon noir**
a white shirt – **une chemise blanche**

a brown hat – **un chapeau marron**
a yellow t-shirt – **un tee-shirt jaune**
blue jeans – **un jean bleu**
a purple tie – **une cravate violette/mauve**
grey shoes – **des chaussures grises**

1b. Translate the following sentences (worth three points each) into French

I often wear a black baseball cap – **Je porte souvent une casquette noire**
At home I wear a blue tracksuit – **Chez moi je porte un survêtement bleu**
At school we wear a green uniform – **À l'école nous portons un uniforme vert**
At the beach I wear a red bathing suit – **À la plage je porte un maillot de bain rouge**
My sister always wears jeans – **Ma sœur porte toujours des jeans**
My brother never wears a watch – **Mon frère ne porte jamais de montre**
My mother wears branded clothes – **Ma mère porte des vêtements de marque**
I very rarely wear suits – **Je porte très rarement un costume**
My girlfriend wears a pretty dress – **Ma petite amie porte une jolie robe**
My brothers always wear trainers – **Mes frères portent toujours des chaussures de sport**

Unit 14 "Talking about free time" TOTAL SCORE: /70 (Page 178)

1a. Translate the following sentences (worth two points each) into French

I do my homework – **Je fais mes devoirs**
I play football – **Je joue au foot**
I go rock climbing – **Je fais de l'escalade**
I go cycling – **Je fais du vélo**
I do hiking – **Je fais de la randonnée**
I go to the swimming pool – **Je vais à la piscine**
I do sport – **Je fais du sport**
I go horse riding – **Je fais de l'équitation**
I play tennis – **Je joue au tennis**
I go to the beach – **Je vais à la plage**

1b. Translate the following sentences (worth five points each) into French

I never play basketball because it is boring – **Je ne joue jamais au basket parce que c'est ennuyeux**
I play with the Playstation with my friends – **Je joue à la Playstation avec mes amis**
My father and I go fishing from time to time – **Mon père et moi allons pêcher de temps en temps**
My brother and I go to the gym every day – **Mon frère et moi allons au gymnase tous les jours**
I go to the gym and I go jogging every day – **Je vais au gymnase et je fais du footing tous les jours**
When the weather is nice, we go hiking – **Quand il fait beau nous faisons de la randonnée**
When the weather is bad, I play chess – **Quand il fait mauvais je joue aux échecs**
My father goes swimming at the weekend – **Mon père fait de la natation le week-end**
My younger brothers go to the park after school – **Mes frères cadets vont au parc après l'école**
In my free time, I go rock climbing or to my friend's house –
Dans mon temps libre je fais de l'escalade ou je vais chez mon ami

THE LANGUAGE GYM

Unit 15 "Talking about weather and free time" TOTAL SCORE: /60 (Page 179)

1a. Translate the following sentences (worth two points each) into French

When the weather is nice – **Quand il fait beau**
When the weather is bad – **Quand il fait mauvais**
When it is sunny – **Quand il y a du soleil**
When it is cold – **Quand il fait froid**
When it is hot – **Quand il fait chaud**
I go skiing – **Je fais du ski**
I play with my friends – **Je joue avec mes amis**
I go to the mall – **Je vais au centre commercial**
I go to the gym – **Je vais au gymnase**
I go on a bike ride – **Je fais du vélo**

1b. Translate the following sentences (worth four points each) into French

When the weather is nice, I go jogging – **Quand il fait beau, je fais du footing**
When it rains, we go to the sport centre and we play tennis –
Quand il pleut nous allons au centre sportif et nous jouons au tennis
At the weekend I do my homework and a bit of sport – **Le week-end, je fais mes devoirs et un peu de sport**
When it is hot, she goes to the beach or goes cycling – **Quand il fait chaud, elle va à la plage ou elle fait du vélo**
When I have time, I go jogging with my father – **Quand j'ai le temps je fais du footing avec mon père**
When there are storms, we stay at home and play cards –
Quand il y a de l'orage, nous restons à la maison et nous jouons aux cartes
When the sky is clear, they go to the park – **Quand le ciel est dégagé, ils vont au parc**
On Fridays and Saturdays I go clubbing with my girlfriend –
Le vendredi et le samedi, je vais en boîte avec ma petite amie
We never do sport. We play on the computer or on Playstation –
Nous ne faisons jamais de sport. Nous jouons sur l'ordinateur ou sur la Playstation
When it snows we go to the mountain and ski – **Quand il neige nous allons à la montagne et nous faisons du ski**

Unit 16 "Talking about my daily routine" TOTAL SCORE: /40 (Page 180)

1a. Translate the following sentences (worth one point each) into French

I get up – **Je me lève**
I have breakfast – **Je prends mon petit-déjeuner**
I eat – **Je mange**
I drink – **Je bois**
I go to bed – **Je me couche**
Around six o' clock – **Vers six heures**
I rest – **Je me repose**
At noon – **À midi**
At midnight – **À minuit**
I do my homework – **Je fais mes devoirs**

1b. Translate the following sentences (worth three points each) into French

Around 7.00 in the morning, I have breakfast – **Vers sept heures du matin, je prends mon petit déjeuner**
I shower, then I get dressed – **Je me douche, puis/ensuite je m'habille**
I eat, then I brush my teeth – **Je mange, puis/ensuite je me brosse les dents**
Around 8 o'clock in the evening, I have dinner – **Vers huit heures du soir, je dîne**
I go to school by bus – **Je vais à l'école en bus**
I watch television in my room – **Je regarde la télé dans ma chambre**
I go back home at 4.30 – **Je rentre/retourne à la maison à la maison à quatre heures et demie**
From 6 to 7, I play on the computer – **De six heures à sept heures, je joue sur l'ordinateur**
Afterwards, around 11.30, I go to bed – **Ensuite, vers onze heures et demie je me couche**
My daily routine is simple – **Ma routine journalière est simple**

Unit 17 "Describing my house" TOTAL SCORE: /40 (Page 181)

1a. Translate the following sentences (worth one point each) into French

I live – **Je vis/J'habite**
In a new house – **Dans une nouvelle maison**
In an old house – **Dans une vieille maison**
In a small house – **Dans une petite maison**
In a big house – **Dans une grande maison**
In the coast – **Sur la côte**
In the mountain – **À la montagne**
In an ugly apartment – **Dans un appartement moche**
On the outskirts – **Dans la banlieue**
In the centre of town – **En centre-ville**

1b. Translate the following sentences (worth three points each) into French

In my house, there are four rooms – **Dans ma maison, il y a quatre pièces**
My favourite room is the kitchen – **Ma pièce favorite est la cuisine**
I enjoy relaxing in the living room – **J'aime me reposer dans le salon**
In my apartment, there are seven rooms – **Dans mon appartement, il y a sept pièces**
My parents live in a big house – **Mes parents habitent/vivent dans une grande maison**
My uncle lives in a small house – **Mon oncle habite/vit dans une petite maison**
We live near the coast – **Nous habitons/vivons près de la côte**
My friend Paul lives on a farm – **Mon ami Paul habite/vit dans une ferme**
My cousins live in Bayonne – **Mes cousins habitent/vivent à Bayonne**
My parents and I live in a cosy house – **Mes parents et moi habitons/vivons dans une maison douillette/confortable**

Unit 18 "Talking about my home life" TOTAL SCORE: /40 (Page 182)

1a. Translate the following sentences (worth one point each) into French

I chat with my mother – **Je discute avec ma mère**
I play on the PlayStation – **Je joue sur la Playstation**
I read magazines – **Je lis des magazines**
I read comics – **Je lis des bandes dessinées**
I watch films – **Je regarde des films**

I listen to music – **J'écoute de la musique**
I rest – **Je me repose**
I do my homework – **Je fais mes devoirs**
I go on a bike ride – **Je fais du vélo**
I leave the house – **Je sors de la maison**

1b. Translate the following sentences (worth three points each) into French

I never tidy up my room – **Je ne range jamais ma chambre**
I rarely helps my parents – **J'aide rarement mes parents**
I brush my teeth three times a week – **Je me brosse les dents trois fois par semaine**
I upload many photos onto Instagram – **Je poste beaucoup de photos sur Instagram**
Every day, I watch series on Netflix – **Tous les jours, je regarde des séries sur Netflix**
I have breakfast around 7.30 – **Je prends mon petit-déjeuner vers sept heures et demie**
After school, I rest in the garden – **Après l'école, je me repose dans le jardin**
When I have time, I play with my brother – **Quand j'ai le temps, je joue avec mon frère**
Usually, I leave home at 8 o'clock – **D'habitude, je sors de la maison à huit heures**
From time to time I watch a movie – **De temps en temps, je regarde un film**

THE LANGUAGE GYM

Unit 19 "My Holiday plans" TOTAL SCORE: /70 (Page 183)

1a. Translate the following sentences (worth two points each) into French

I am going to go – **Je vais aller**

I am going to stay – **Je vais rester**

I am going to play – **Je vais jouer**

I am going to eat – **Je vais manger**

I am going to drink – **Je vais boire**

I am going to rest – **Je vais me reposer**

I am going to go sightseeing – **Je vais faire du tourisme**

I am going to go to the beach – **Je vais aller à la plage**

I am going to do sport – **Je vais faire du sport**

I am going to dance – **Je vais danser**

1b. Translate the following sentences (worth five points each) into French

We are going to buy souvenirs and clothes – **Nous allons acheter des souvenirs et des vêtements**

I am going to stay in a cheap hotel near the beach – **Je vais rester dans un hôtel bon marché près de la plage**

We are going to stay there for three weeks – **Nous allons rester là-bas trois semaines**

I am going to spend two weeks there with my family – **Je vais passer deux semaines là-bas avec ma famille**

We are going to go on holiday to Reunion Island tomorrow – **Nous allons aller en vacances à l'île de la Réunion demain**

We are going to Spain for two weeks and we are going to travel by plane

Nous allons en Espagne deux semaines et nous allons voyager en avion –

I would like to do sport, go to the beach and dance – **Je voudrais faire du sport, aller à la plage et danser**

We are going to spend three weeks in Italy and we are going to stay in a campsite –

Nous allons passer trois semaines en Italie, nous allons rester dans une caravane

We are going to go stay in a luxury hotel near the beach – **Nous allons rester dans un hôtel de luxe près de la plage**

We are going to go sightseeing and shopping every day – **Nous allons faire du tourisme et du shopping tous les jours**

Printed in Great Britain
by Amazon